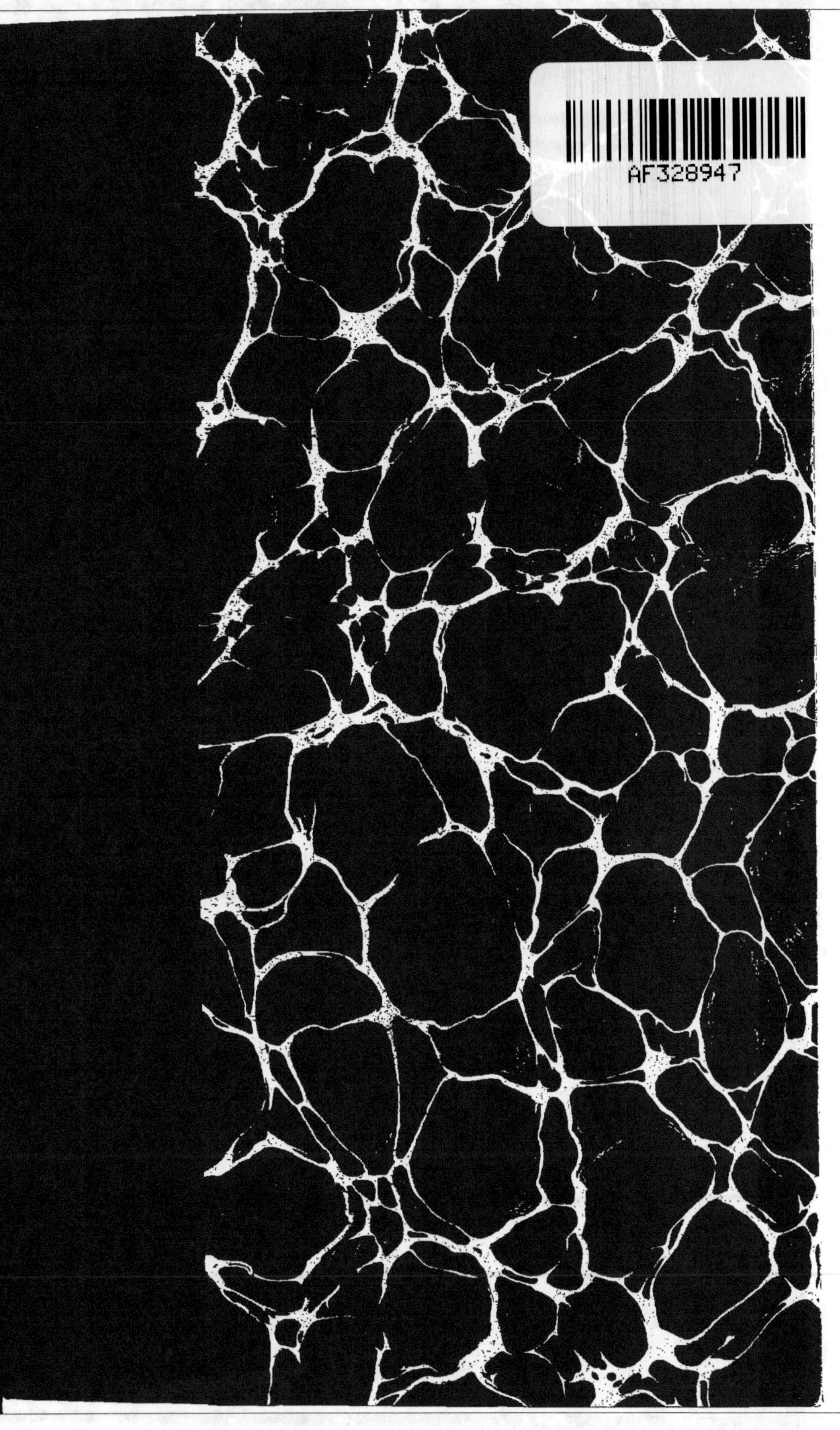

AF328947

HISTOIRE

ANCIENNE,

OU

PREMIÈRE PARTIE

DE

L'HISTOIRE

DES

HOMMES.

HISTOIRE

DES

HOMMES,

OU

HISTOIRE

NOUVELLE

DE TOUS LES PEUPLES

DU MONDE,

PARTIE DE L'HISTOIRE ANCIENNE.

TOME XV.

A PARIS,

M. DCC. LXXXII.

Avec Approbation, & Privilége du Roi.

HISTOIRE

DE

LA GRÈCE.

SUITE

DU RETOUR DES GRECS,

ET HISTOIRE DE LA MONARCHIE

DE THÈBES,

Thèbes, au tems de la guerre de Troye, formait une des grandes Monarchies du Péloponèse, puifque nous voyons, par le dénombrement d'Homère, qu'elle fournit, à la confédération, cinquante vaisseaux, montés chacun par six vingts guerriers. Malheureusement Pénélée, qui commandait cette flotte, ne fut qu'un personnage obscur de la grande tragédie du siége de Troye ; ainsi toute notre attention doit se porter sur le peuple qu'il représentait ; & en effet, le trône de Thèbes, à cause des sanglantes révolutions qu'il subit, mérite d'occuper quelques momens le burin de l'Histoire.

L'origine de la population de la Béotie se perd dans la nuit des siècles ; on rencontre, dès la formation du Péloponèse en isle, une horde de Sauvages, appellés les Ectènes (*a*), qui habitaient les montagnes de cette contrée. Ogygès était leur chef : le plus Savant des Romains lui attribue la première fondation de Thèbes, & la place antérieurement à son déluge (*b*).

______

(*a*) *Pausanias*, lib. 9.
(*b*) Varr. *de re rusticâ*, lib. 3, cap. 1.

Nous nous fommes étendus, au commencement de l'Hiftoire de la Grèce, fur cette inondation défaftreufe que les anciens nous ont fait connaître, fous le nom du déluge d'Ogygès. Thèbes, qui ne faifait que de naître, fut renverfée. Les flots s'élevèrent, en une nuit, à la hauteur des édifices, & à l'exception de quelques pâtres qui erraient fur la croupe des montagnes, tout le monde fut fubmergé.

Cet évènement mémorable que, grace à l'heureux fyncronifme rencontré par Fréret, nous avons vu fe concilier avec une des anciennes apparitions de la comète de 1680, tombe à l'an 461 de l'Ere de Callifthène, c'eft-à-dire cent quatre-vingt-fept ans avant celle de Paros. De cette époque du déluge d'Ogygès, à l'arrivée de Cadmus, qui releva les ruines de Thèbes, il s'écoula deux cents quatre-vingt feize ans, & pendant tout cet intervalle, l'hiftoire même conjecturale de la Grèce, garde le plus profond filence fur les Thébains & fur leur Monarchie.

La furprife, à cet égard, difparaît, quand on réfléchit aux fuites effrayante de la grande inondation qui anéantit le peuple d'Ogygès. Le défaftre, au rapport des Anciens, enveloppa tellement toute la nature vivante, qu'il fe paffa cent quatre-vingt-dix ans, avant que le pays pût être habité. Le fiècle fuivant fut fans doute employé à donner un cours aux eaux ftagnantes, & à fe prémunir contre une nature marâtre. Ainfi la Béotie avait reçu de fes habitans une nouvelle création, quand Thèbes fe trouva revivifiée par Cadmus.

CADMUS. — Ce Prince, dont la vie défigurée fait partie de la Mythologie Grecque, était Phénicien d'origine : une tradition Orientale, moins fufpecte, en fait un fimple Officier de bouche d'un Roi de Sidon; il fut épris des charmes d'une Muficienne, nommée Hermione, qui était à la tête des concerts du Monarque, & l'ayant enlevée, il se sauva avec elle sur un vaisseau qui faisait voile vers le Péloponèse (a).

Les Grecs, devenus les instituteurs du monde, jettant un regard sur leurs annales primitives, se crurent humiliés d'avoir, au nombre de leurs législateurs, un Officier de bouche qui avait enlevé une Musicienne; alors leurs Poètes, toujours aux gages de leur vanité, arrangèrent la généalogie de Cadmus, & voici le conte qui en a résulté.

Agénor, Roi de Tyr, avait une fille nommée Europe, qui se laissa enlever par Jupiter, métamorphosé en taureau. Ce Prince furieux, ordonna à Cadmus, son fils, de la chercher sur toute la surface du globe, & lui défendit de reparaître sans elle en sa présence. Le héros fit pour sa sœur, ce que l'amant le plus impétueux ne ferait jamais pour sa maitresse : il com-

______

(a) Athen. *Deipnosoph.* lib. 14.

mença son tour du globe ; mais, arrivé dans la Béotie, il se trouva arrêté par des Oracles, auxquels il était plus aisé d'obéir qu'à son père, & il y fonda une Monarchie.

Dans l'intervalle, Jupiter, pour consoler le terrible Agénor, donna le nom d'Europe à une des parties du monde, & quand il fut las des faveurs de son amante, il la mit au rang des étoiles.

La fondation de Thèbes, par le Cadmus des Poètes, n'est pas moins entourée de merveilles. Ce héros, dit-on, tua un dragon monstrueux, & ayant semé ses dents en terre, en vit naître des guerriers tout armés qui s'entretuèrent, à l'exception de cinq, dont il fit les compagnons de ses travaux.

Il n'est point inutile d'observer ici, avec quel artifice les Grecs interprétèrent la tradition Orientale, pour y trouver leur fondation merveilleuse de Thèbes ; le texte Phénicien portait ces mots : *gnasah chail chamesch anoschim noshekim be-*

shenei nachash : ce qui fignifie littérale-
ment : *Cadmus leva une puiffante armée
de guerriers , armés de lances d'airain* (*a*) ;
mais comme le mot *chamefch* fignifie
également *guerriers* & *cinq ,* que *shenei*
veut dire tout-à-la-fois *lances* & *dents ,*
& qu'on peut traduire *nachash* par *airain*
& par *dragon ,* les Poètes rendirent le
texte original par cette verfion : *Cadmus
marcha avec cinq hommes armés , nés des
dents du dragon.* Voilà comment, avec
des jeux de mots, on règle les rangs des
Nations , ce qui devrait bien éclairer la
vanité des hommes fur le néant des gé-
néalogies.

Cherchons maintenant dans des four-
ces plus pures , l'hiftoire de Cadmus .(*b*).
Ce Tyrien qui , malgré le défaut de fa

(*a*) Voyez la favante *Hiftoire du Monde* de
Shuckford , tome 2 , pag. 243.

(*b*) *Diod. Sicul.* lib. 5 ; *Conon. Narrat.* 37 ;
Paufan. lib. 9 ; *Strab. Geograph.* lib. 9 ; *Apollod.*
lib. 3.

naiſſance, avait du génie, ne borna pas le roman de ſes aventures au ſimple enlè-vement d'Hermione; il projetta de par-courir les mers fréquentées par ſes conci-toyens, & de chercher quelqu'iſle in-connue à leurs navigateurs, où il pût fonder une colonie. Jetté par une tem-pête dans Rhodes, il y trouva des Phé-niciens à qui il s'ouvrit de ſon entrepriſe, & qui conſentirent à en partager les pé-rils. La première découverte de l'eſcadre fut l'iſle de Thaſe, à laquelle Cadmus donna le nom de ſon frère, & qu'il y laiſſa avec un petit nombre des ſiens. Pour lui, s'étant rembarqué, il fit voile vers l'iſle de Samothrace, déja célèbre par ſes myſtères, auxquels il fut initié par l'Hyérophante. Forcé enſuite par les vents de relâcher ſur les côtes de la Theſſalie, il ſe rendit à Delphes, & s'adreſſa à l'Oracle. Les Prêtres du Dieu qui avaient la ſage politique de faire beaucoup parler ceux qui les conſultaient, afin de n'être jamais en défaut dans leurs prédictions,

ayant appris du navigateur Phénicien
qu'il cherchait à fonder une colonie, lui
désignèrent, dans leur langue énigmatique, les campagnes fécondes de Thèbes,
presqu'abandonnées depuis le déluge
d'Ogygès. Les termes de l'Oracle furent
qu'il devait prendre une génisse pour
guide, & bâtir une ville dans l'endroit
où la fatigue la ferait arrêter.

Nous avons vu, dans la notice géographique de la Grèce, que les campagnes
de Thèbes n'étaient séparées que par une
chaîne de rochers de celles de Delphes ;
il était donc très-facile à une génisse de
parcourir cet espace, toujours en cherchant des pâturages, & de ne s'arrêter
qu'après avoir franchi l'enceinte des rochers. En effet, les Prêtres d'Apollon en
firent paraître une qu'ils avaient tiré sans
doute des environs de Thèbes, & que
son instinct fit retourner à ses premiers
pâturages. Cadmus suivit son guide mys-
térieux, & arrivé dans la contrée indiquée
il la nomma *Béotie* ou *station du bœuf* ;

les Thébains, dans la suite, en mémoire de cet évènement, érigèrent dans l'endroit où la génisse s'arrêta, une statue de la Minerve de Phénicie, qu'on montra, près de quinze siècles après, à Pausanias.

Quand Cadmus se présenta dans la Béotie, deux peuples assez obscurs, que Strabon appelle les Hyantes & les Aoniens, y avaient quelques établissemens; le héros Phénicien s'allia avec les uns, subjugua les autres, & peu-à-peu devint la puissance dominante.

C'est alors qu'il revivifia les ruines de la Thèbes d'Ogygès, & y bâtit une citadelle à laquelle il donna son nom. Les Thébains du beau siècle d'Epaminondas y montraient encore deux chambres nuptiales, dont l'une avait servi aux amours de Cadmus & d'Hermione, & l'autre à celle de Sémélé, leur fille, avec Jupiter.

Ce Prince, une fois affermi sur le trône, songea à faire oublier, par de grandes choses, l'obscurité de sa naissance & l'illégitimité de ses conquêtes; il fit partir une flotte pour reconnaître les mers qui entourent le Péloponèfe, & peupla toutes les ifles défertes de l'Archipel.

Il s'appliqua enfuite à l'adminiftration intérieure de fes Etats ; perfuadé que l'ignorance & la barbarie ne font bonnes à rien, excepté au defpotifme, il fit part aux Béotiens indigènes des lumières qu'il tenait des Phéniciens. L'antiquité lui attribue l'introduction de l'alphabet en caractères, la culture de la vigne & l'art pénible de la fonte des métaux.

Il eft probable que la nation n'était pas encore mûre pour fubir cette grande révolution. Cadmus voulut faire en quelques années ce qui devait être l'ouvrage d'un fiècle, & les femences de raifon qu'il avait jettées dans une terre ingrate, avortèrent; les mécontens tramèrent contre lui des confpirations ; alors il fut obligé de s'exiler de la Béotie, & de porter ailleurs fes lumières & fes bienfaits. Les Enchéléens lui offrirent un afyle, & pleins de reconnaiffance pour une victoire que ſa valeur leur avait fait remporter ſur les peuples de l'Illyrie, ils lui offrirent leur couronne, qu'il tranſmit en paix à ſa poſtérité.

Cadmus, avant de quitter Thèbes, avait eu d'Hermione un fils nommé Polydore qui lui ſuccéda, & quatre filles célèbres dans la Mythologie Grecque, par leurs aventures.

Autonoë, l'aînée, épouſa Ariſtée, dont on fit un Dieu, parce que ſur la fin de ſa vie il devint inviſible. Cette Autonoë fut mère d'Actéon qui, dans une chaſſe, fut dévoré par ſa propre meute. Ovide dit que ce fut en punition de la témérité qu'il eut de voir Diane dans le bain. Ce conte ſur Actéon dut ſe retracer dans la ſuite d'une manière terrible dans l'imagination du Poète, quand ayant ſurpris lui-même l'inceſtueux Auguſte dans les bras de ſa fille Julie, il alla expier ce prétendu crime d'Etat, dans les déſerts de la Scythie.

Ino, la ſeconde, devint la femme d'Athamas, Roi d'Orchomène, perſécuta les enfans d'un premier lit qu'avait eus fon époux, & quand elle le vit éclairé fur le principe de fa haine, fe précipita dans la mer avec fon fils Mélicerte. Heureufement, difent les Poètes, un dauphin fe trouva près du rivage ; il prit l'enfant royal fur fon dos, & le porta dans l'ifthme, où il obtint d'abord un trône & enfuite des autels.

L'hiftoire de Sémélé & d'Agavé, les deux autres filles de Cadmus, tient particulièrement au règne de Polydore.

POLYDORE. — Le trône, fous ce Prince, n'effuya aucun orage politique ; l'homme fans caractère qui l'occupait ne pouvait faire ombrage à perfonne ; il régna & mourut, voilà tout ce qu'on fait de lui ; heureufement la ftérilité de ce règne eft rachetée par l'hiftoire merveilleufe de Bachus, dont la Monarchie de Thèbes a décoré fes annales.

Nous nous fommes beaucoup étendu dans l'hiftoire du monde primitif, fur un Bachus conquérant de l'Inde, que l'Egypte honora sous le nom d'Osiris, la Phénicie sous celui d'Adonis, & dont le culte se propagea sous d'autres dénominations dans presque toutes les parties du monde civilisé (a). Ce Bachus Oriental n'a qu'un vain rapport de nom avec le petit-fils de Cadmus, dont l'étrange apothéose va occuper quelques lignes dans cet ouvrage.

On connaît le conte de la naissance de ce paladin, qui a fourni quelques bons vers aux Poëtes du siècle d'Auguste, & des sujets de tableaux aux grands Peintres du siècle de Médicis. Sémélé, la troisième fille de Cadmus, se laissa séduire, dit-on, par Jupiter; mais comme elle avait plus de vanité que de tendresse, elle exigea de son amant qu'il vînt un jour la trouver, avec tout l'appareil du maître du tonnerre. Le Dieu piqué y

_____

(a) *Histoire des Hommes*, partie ancienne, tome 3, pag. 7.

confentit, & il en coûta cher à la fille de Cadmus; car n'ayant pu foutenir tant d'éclat, elle accoucha avant terme, & mourut. Jupiter, qui n'avait voulu punir que la mère, prit l'enfant, le renferma dans fa cuiffe, jufqu'à ce qu'il eût atteint fes neuf mois, & enfuite accoucha lui-même de Bachus, au grand étonnement de tous les immortels. Notre Savant Gébelin a pris la peine de donner un fens fuivi à toutes ces abfurdités dans fes rêveries ingénieufes fur l'Agriculture.

Ecoutons maintenant les Hiftoriens (a). La fille de Cadmus s'était laiffé corrompre par un navigateur de Phénicie, qui, abufant de fon ingénuité, l'avait rendue mère. Elle était parvenue au feptième mois de fa groffeffe, quand un orage violent mêlé de grêle & de tonnerre, qui fondit tout-à-coup fur Thèbes,

____

(a) *Diod. Sicul.*, lib. 1, cap. 13, & lib. 3, cap. 34.

l'effraya à un tel point, qu'elle accoucha avant terme d'un enfant qui mourut, & qui avait la plus parfaite reffemblance avec le Bachus Egyptien, qu'on honorait fous le nom d'Ofiris. L'oracle confulté fur cet évènement, répondit que le Dieu avait voulu apparaître une feconde fois aux hommes, fous fon ancienne forme. Cette fable facerdotale s'étant répandue, on renferma le corps de l'embryon dans une ftatue d'or, & on en fit une idole, en l'honneur de laquelle des fêtes furent inftituées.

Dans la fuite Orphée, le héros de la Thrace, qui fe croyait lié par la reconnaiffance à la famille de Cadmus, ajouta un nouveau chapitre au roman imaginé par les oracles; il prétendit que le vrai Bachus, le conquérant de l'Inde, était né en Béotie, & malgré l'abfurdité de l'anachronifme, cette fable religieufe fit fortune dans Thèbes. Il eft vrai qu'elle trouva des incrédules dans le refte du globe.

Avant qu'Orphée eût accrédité le conte de la naissance de Bachus, la maison royale de Thèbes n'avait pas vu de bon œil le culte nouveau décerné à l'embryon de Sémélé; parmi les Princes que cette nouvelle branche de superstitions révoltait davantage, celui qui s'exprimait avec le plus de franchise, était Panthée, fils d'Agavé, la dernière des filles de Cadmus. Sa hardiesse lui coûta cher. Au milieu des Orgies licentieuses qui accompagnaient les mystères du Dieu, les Bachantes, ivres de vin & de fanatisme, ayant Agavé elle-même à leur tête, saisirent Panthée & le mirent en pièces. On ne voit pas que cet horrible attentat ait jamais été puni. C'était, disait-on, Dieu même qui exerçait ses vengeances, & l'homme, dans la logique des Prêtres, a droit d'en être l'instrument.

Nous avons déja eu occasion de parler de ces vengeances terribles dans l'histoire du Bachus Oriental, dont celui-ci n'est qu'une faible copie. Lorsque le conquérant de l'Inde rencontrait des incrédules qui ofaient fe jouer de fes myftères, il les rendait infenfés, probablement à l'aide d'un breuvage, ou il les faifait déchirer par fes Amazones. C'eft à l'occafion de ce dernier attentat du fanatifme qu'il inventa un nouveau ftratagême de guerre ; il fit, des Thyrfes de fes Bachantes, une lance, dont le fer était caché fous des feuilles de lierre ; l'ennemi, qui ne fe défiait pas d'un pareil artifice, s'approchait, & on le mettait à mort : il eft probable que ces Thyrfes fervirent au maffacre du petit-fils de Cadmus.

Sans chercher à foulever le voile impénétrable qui couvre les anciens myftères des deux Bachus, il me femble qu'ils prêtaient affez à la critique, pour que leurs inftituteurs n'éclairâffent pas les incrédules en les affaffinant. Toute l'antiquité attefte que ces Orgies religieufes fe célébraient de nuit ; que les hommes & les femmes, prefque fans voile, l'imagination échauffée par la vue

de l'obſcène Phallus, qu'on portait en
proceſſion, s'abandonnaient encore aux
excès de l'ivreſſe. De pareils Miniſtres
des Dieux n'étaient pas des êtres bien
reſpectables, & il était permis aux dé-
tracteurs des myſtères, de prendre les Bachantes pour des Courtiſannes.

Une preuve ſans replique que les
premiers myſtères de Bachus étaient des
attentats publics contre les mœurs, c'eſt
que le ſage Orphée fut obligé de les
rectifier. Il ſépara les deux ſexes dans
les aſſemblées religieuſes, ne voulut pas
que la nuit couvrît de ſon ombre leurs
cérémonies, & ſubſtitua des concerts
d'inſtrumens auxchants obſcènes des con-
ducteurs du Phallus; ces ſages règlemens
ne furent pas, comme nous l'avons vu,
du goût de l'ancienne religion de Thèbes;
on repréſenta le Légiſlateur comme un
ſectaire, & les vieilles Bachantes, ſans
hommes, & abandonnées à elles-mêmes
dans leurs Orgies, n'ayant pu le ramener
à leur croyance, l'aſſaſſinèrent.

LABDACUS. — Ce Prince était très-jeune à la mort de Polydore ; ce fut Nyctée, son beau-père, qui gouverna pendant la minorité. Ce Nyctée avait une fille d'une beauté rare, nommée Antiope, qui faisait l'objet des desirs de tous les Princes du Péloponèse. Epopée, Roi de Sicyone, craignant de n'être pas préféré à ses rivaux, l'enleva, ce qui occasionna une guerre sanglante, où le ravisseur d'Antiope & son vengeur périrent tous deux.

Le successeur d'Epopée rendit aux Thébains cette beauté fatale, qui accoucha en route de deux jumeaux célèbres, qu'on nomma Zéthus & Amphion.

Lycus, à cette époque, avait pris les rênes du Gouvernement, que la mort de Nyctée son frère avait laissées flottantes. Il fit enfermer Antiope dans une prison, sous la garde de sa femme, Dircé, qui épuisa son imagination, féconde en barbaries, pour tourmenter sa captive ; enfin au bout de douze ou quinze ans d'esclavage, l'infortunée s'échappa, & vint demander vengeance à ses fils. Ceux-ci profitèrent d'une fête de Bachus pour en lever Dircé, & l'attachèrent, p r les cheveux, à la queue d'un taureau indompté, qui, abandonné à lui-même, la mit en pièces; ce supplice de Dircé a été consacré par un des plus beaux monumens de sculpture qui nous restent de l'antiquité; c'est le grouppe qu'on nomme le Taureau Farnèse.

Cependant Antiope, qui n'avait pas demandé, à ses fils, une vengeance si cruelle, n'apprit, qu'avec effroi, la fin tragique de Dircé; persuadée que les Dieux la puniraient d'avoir armé la main de Zéthus & d'Amphion, elle contracta une maladie de vapeurs, où ses organes se dérangèrent; elle se mit à parcourir la Grèce en Bachante; comme l'aliénation de son esprit n'avait que faiblement altéré sa beauté, un petit-fils de Sisyphe la guérit & l'épousa; ainsi elle mourut Reine de Corynthe.

La vengeance des fils d'Antiope ne fut pas affouvie par la fin tragique de·Dircé; ils s'emparèrent de Thèbes, & firent mourir Lycus: à cette époque, Labdacus lui-même n'était plus, & l'héritier naturel de fon trône était Laïus, encore au berceau; mais Amphion & Zéthus, maîtres de Thèbes, ne voulurent pas refter les fimples tuteurs d'un enfant couronné; ils firent enlever Laïus, & régnèrent à fa place.

ZÉTHUS & AMPHION. — Ces deux Princes fe partagèrent les foins du trône, fans que jamais la jaloufie vînt altérer la concorde qui régnait entr'eux; on leur doit les remparts de Thèbes, les tours qui les fortifiaient de diftance en diftance, & la conftruction des fept portes de cette ville célèbre. Amphion, qui avait vécu long-tems à la Cour voluptueufe des Rois de Lydie, y avait puifé cette éloquence douce, cette fleur de bon goût, & cette fenfibilité exquife pour les arts, que le luxe amène d'ordinaire vers le tems de la décadence des Monarchies. La Grèce, encore barbare, fut étonnée de la supériorité de ce fils d'Antiope ; elle reçut de lui quelques arts d'agrément ; la musique, par ses soins, fit quelques pas pour sortir de l'enfance : on assure qu'il ajouta trois cordes à la lyre grecque qui, jusques-là, n'en avait eu que quatre. L'éloquence persuasive d'Amphion, qui rendait possible, dans l'exécution, tout ce qu'il projettait, l'harmonie qu'il établit, entre les ouvriers qui travaillaient d'après ses plans, firent dire aux Poètes que les murs de Thèbes s'élevèrent d'eux - mêmes aux sons de sa lyre. Cette lyre enchanteresse, grace à l'enthousiasme populaire, obtint dans la suite les honneurs de l'apothéose.

Amphion eut une postérité nombreuse, mais qu'une peste terrible moissonna toute entière avec son chef; pour Zéthus, il mourut de chagrin de la perte de son fils, que Niobé sa mère avait elle-même tué. Le peuple, qui ne voit jamais rien de naturel dans la mort des Souverains, crut que Diane & Apollon vengeaient le supplice de Dircé, & l'usurpation du trône de Laïus. Tel fut du moins le fondement d'un grand morceau de sculpture exécuté par les Artistes Grecs, qu'on voit encore dans les ruines de Rome, mais qui ne porte pas assez l'empreinte du bon goût du siècle d'Alexandre, pour mériter d'être conservé dans une Histoire des Hommes.

Laïus. — Les Thébains, après la mort des fils d'Antiope, appellèrent, pour les gouverner, Laïus, l'héritier du trône de Cadmus. Ce Prince est célèbre par les calamités de sa maison, qui ont fourni au Théâtre d'Athènes & au nôtre, le sujet des plus belles Tragédies dont l'esprit humain s'honore.

Ce Monarque avait épousé Jocaste, sœur de Créon. L'oracle consulté sur cet hymen, déclara qu'il avait été formé sous les auspices les plus sinistres, & prédit que le fils qui en naîtrait donnerait la mort à son père. Laïus, comme tous les Princes faibles, crut à l'oracle, chercha à l'éluder, & en facilita par-là l'accomplissement. Après avoir vécu long-tems dans la plus grande réserve avec la Reine, il se lassa de sa continence, & devint père. Le jour de sa naissance, l'enfant fut exposé dans un désert. Le satellite de Laïus lui perça les pieds, & l'attacha, avec des courroies, à un arbre du mont Cythéron. C'est de-là que lui vint le nom d'Œdipe (*a*). Le machiavé-lisme, ainsi que le fanatisme, sont pres-que toujours mal-adroits dans leurs at-tentats. Le fils de Jocaste, qu'on avait mieux aimé faire dévorer par les bêtes féroces qu'étouffer dans son berceau, ne périt point; des bergers l'ayant rencontré, le portèrent à Péribée, Reine de Corynthe, qui le guérit de ses blessures, & l'éleva, à sa Cour, comme l'héritier de son trône.

______

(*a*) Le mot grec signifie *qui a les pieds enflés*.

Cependant Œdipe, parvenu à l'adolefcence, apprend qu'il n'a point de père; il demande le fecret de Péribée, qui refufe de s'ouvrir. Dans fa perplexité, le jeune Prince court à Delphes, & interroge la Pythie. On prétend que la réponfe de l'oracle fut qu'Œdipe était deftiné à tuer fon père, & à époufer fa mère. Si la prophétie n'avait pas été imaginée après l'évènement, il faudrait la regarder comme le triomphe du charlatanifme facerdotal. Quoiqu'il en foit, Œdipe, pour faire mentir les Dieux, qui cherchaient à furprendre fa vertu, s'exila de Corynthe, où tout le portait encore à croire que l'époux de Péribée lui avait donné le jour; en parcourant la Phocide pour chercher un afyle, il rencontra, dans un défilé, le Roi de Thèbes, dont le char rapide écrafa un de fes chevaux; il s'élance à l'inftant fur lui, & le tue avec l'Officier qui l'accompagnait. Laïus mourut fans fe faire connaître, & fon affaffin s'en doutait fi peu lui-même, qu'il fe rendit à l'inftant à Thèbes , pour y fixer fon féjour.

CRÉON. — On ne connaiffait point d'héritier du trône de Laïus , foit que la groffeffe de Jocafte n'eût point tranfpiré ; foit que tout le monde fût perfuadé que l'enfant expofé fur le mont Cythéron avait été dévoré par les bêtes féroces. Créon, fils de Ménecée , s'empara alors des rênes du Gouvernement ; mais ce ne fut pas pour long-tems, car la Tra-gédie terrible du malheur d'Œdipe com-mençait à fe dénouer , & c'était par le trône qu'il devait parvenir à l'incefte.

Un monftre à vifage de femme , en-voyé par les Dieux, fe mit, dit-on (a), à parcourir la Béotie ; il attaquait les paffans, en leur propofant des énigmes, & l'infortuné, qui ne les devinait pas, était à l'inftant mis à mort. Ce monftre s'appellait le Sphinx ; on en trouve un

____

(a) *Diod. Sicul.* lib. 4 , cap. 22.

grand nombre de sculptés dans les ruines de l'Egypte, & il est évident qu'il n'en a jamais existé que là, & dans les vers des Poëtes qui ont fait des Tragédies d'Œdipe.

Les énigmes, au reste, que proposait le monstre femelle, n'étaient pas d'une subtilité capable d'embarrasser, même un Béotien : on en peut juger par celle d'Œdipe ; *quel est l'être qui d'abord marche avec quatre pieds, ensuite avec deux, & enfin avec trois ?* La réponse ne suppose pas un grand effort de génie. *Cet être est l'homme qui, au berceau, se traîne sur ses pieds & sur ses mains, dans l'âge de la force se tient debout, & arrivé à la vieillesse, est obligé de guider, avec un bâton, sa démarche incertaine.* Le Sphinx, ajoute-t-on, s'avoua vaincu, & Œdipe le mit à mort.

Ce n'est pas dans le siècle des Newton & des Montesquieu, qu'on peut faire croire que des monstres tuent en proposant des énigmes, & que les héros

gagnent des couronnes en les devinant.
Un ancien explique l'hiſtoire du Sphinx,
d'une manière qui en fait diſparaître
preſque tout le merveilleux , & juſqu'à
ce qu'on en trouve une interprétation
plus heureuſe, on peut l'adopter. Voici
le texte de l'Hiſtorien des énigmes (*a*).

» On croit que Sphinx était une fille
» naturelle de Laïus ; ſon père , qui l'ai-
» mait, l'avait inſtruite d'un oracle que
» Cadmus avait apporté de Delphes ; car
» dans ces tems-là les Rois ne faiſaient
» rien d'important ſans conſulter les ora-
» cles. Après la mort du Monarque, ſes
» enfans ſe diſputèrent ſa Couronne , &
» ils étaient en grand nombre tant légi-
» times que nés de concubines ; mais le
» Royaume, ſuivant l'oracle de Delphes ,
» ne devait appartenir qu'à un enfant de

(*a*) Pauſanias, lib. 9 , cap. 26. — L'original
grec eſt très obſcur, & nous ſuivrons la verſion
judicieuſe de l'Abbé Gedoyn.

» Jocaste. Tous les prétendans s'étant
» enfin rapporté à Sphinx, celle-ci, pour
» éprouver ceux de ses frères qui avaient
» le secret de Laïus, leur fit à tous des
» questions captieuses; quand on n'y satis-
» faisait pas, on était mis à mort. Œdipe,
» instruit de l'oracle, par un songe, se
» présenta à l'arbitre terrible, & fut
» déclaré successeur de Laïus «.

Que le Sphinx fût un monstre physique
qui désolait les peuples, ou un monstre
moral qui tuait ses frères quand ils ne
devinaient pas ses énigmes, il n'en est
pas moins avéré qu'Œdipe en triompha,
& que, par reconnaissance, on lui fit
accepter le trône de Thèbes, & la main
de la veuve de Laïus.

Cependant Péribée venait de perdre
son époux (*a*). Œdipe se rend à Corynthe, fier d'avoir échappé à sa destinée, qui l'entraînait à l'inceste & au

______

(*a*) Hygin. *Fab.* 67.

parricide. Péribée alors dévoile au Prince tout le secret de sa naissance, & il se trouve l'assassin de son père, & le mari de sa mère, sans cesser peut-être d'être vertueux. L'infortuné revient à Thèbes, & y dévore sa douleur : il ne faut pas croire les Poètes dramatiques qui, pour donner un plus grand intérêt à leurs Tragédies, ont fait entendre que lorsqu'Œdipe fut éclairé sur ses crimes involontaires, quatre fils étaient nés de son commerce incestueux, que Jocaste se tua de désespoir, & que le malheureux Roi de Thèbes se creva les yeux, pour faire divorce avec la nature qu'il avait outragée. Pausanias, moins suspect dans ses récits, s'exprime de manière à faire croire qu'Œdipe ne fut point tout-à-fait le martyr de la fatalité.

Ce Prince, suivant notre Historien (a), respecta le lit de Jocaste, & après la mort

____

(a) *Pausanias*, lib. 9, cap. 5.

de cette Princesse, épousa Euryganée, fille d'Hyperbas, dont il eut deux jumeaux, Etéocle & Polinice, & deux filles, Ismène & Antigone. Il est même très-vraisemblable, quoiqu'en dise Sophocle, que le fils de Laïus finit ses jours dans Thèbes, dont il n'avait jamais cessé d'être Roi, & si sa cendre était vraiment renfermée dans le tombeau qu'Athènes lui érigea, c'est qu'elle y fut transportée dans des tems postérieurs, lors du renversement du trône de Cadmus.

ETÉOCLE. — Ce Prince & Polynice son frère avaient un droit égal au sceptre d'Œdipe, puisqu'ils étaient jumeaux; ainsi ils convinrent de régner alternativement chacun une année. Etéocle monta sur le trône le premier; mais dès qu'une fois il y fut assis, il ne voulut plus en descendre. Polynice se retira chez Adraste, Roi d'Argos, dont il avait épousé la fille, & forma une confédération avec six guerriers fameux, qui devaient l'aider à punir l'usurpation d'Etéocle. Telle est l'origine de la guerre des *sept Chefs*, qui devint fatale à presque tous ceux qui y prirent part. Celui dont l'antiquité s'est le plus occupée, est le devin Amphiaraüs; il faut s'arrêter un moment sur ce personnage, pour l'intelligence des monumens de la Grèce, & sur-tout de ses tragédies.

Amphiaraüs (*a*), fils d'Oïclès, & souverain d'un petit canton de l'Argolide, s'étant couché un jour très-ignorant, se réveilla prophète; au moment où tous les esprits fermentaient pour l'expédition de Thèbes, il consulta les astres, & y lut que s'il allait à ce siége, il périrait aux pieds de ses remparts. Il refusa donc d'entrer dans la ligue contre Etéocle; mais Polynice, qui avait besoin de lui, trouva le moyen de séduire, par l'appât d'un collier de grand prix, Eryphile sa femme, à qui le devin ne pouvait rien refuser, & qui le détermina à braver de vains présages.

(*a*) *Pausan.* lib. 6 & 8. *Apollod.* lib. 3.

Amphiaraüs, engagé dans la confédération des sept Chefs, réfléchit avec amertume sur le peu de tendreſſe d'Eryphile ; peut-être auſſi que la jalouſie vint empoiſonner la bleſſure de ſon cœur. Alors tout entier à ſon reſſentiment, il ordonna à Alcméon ſon fils de le venger, s'il périſſait devant Thèbes. Alcméon fut aſſez infâme pour obéir : nouvel Oreſte, il égorgea ſa mère, fut tourmenté comme lui par les furies, & vint demander un aſyle, contre ſes remords, à un petit Roi de Phegée en Arcadie, qui oſa donner ſa fille en mariage à un parricide.

Alcméon, en aſſaſſinant ſa mère, lui avait enlevé le collier qui avait été le prétexte de la mort d'Amphiaraüs. Ce collier fatal cauſa d'autres déſaſtres ; il devint l'objet des deſirs de Callirhoë, une des maitreſſes d'Alcméon, & celui-ci fut obligé de quitter les bords de l'Acheloüs, théâtre de ſa nouvelle paſſion, pour aller le chercher dans Phégée ; mais les enfans du Monarque vengèrent leur ſœur de l'infidélité de son époux. Ils tuèrent l'amant, & consacrèrent à Apollon le collier d'Eryphile.

Revenons à l'expédition des sept Chefs. Elle fut commencée sous des auspices sinistres (a). En traversant une forêt de Némée, les confédérés rencontrèrent Hypsipile, cette Princesse de Lemnos, que nous avons vu séduite si indignement par Jason, dans la dernière expédition des Argonautes ; l'infortunée vivait là dans la solitude la plus profonde, cherchant à cacher son opprobre à la nature entière. Un des Généraux Grecs la prie de lui indiquer une source pour se désaltérer. Hypsipile laisse un instant, sur l'herbe, l'enfant qu'elle avait eu de Jason, & conduit le guerrier à une fontaine ; dans l'intervalle, une couleuvre s'élance sur l'enfant, le blesse, & Hypsipile, à son retour, le trouve rendant les derniers

____

(a) *Apollod.* lib. 3.

foupirs. Les Grecs partagèrent le défefpoir de cette mère fenfible , & , pour
appaifer les Mânes de fon fils, ils infti-
tuèrent , en fon honneur, les jeux Né-
méens. Un monument, deftiné à tranfmettre aux fiècles cette hiftoire tragique ,
fe voyait encore dans le pays , au fiècle
de Paufanias.

Cependant les confédérés arrivent au
pied du Cythéron, obligent les Thébains,
après un combat meurtrier, de fe renfermer dans leurs remparts, & commen-
cent le fiége de cette ville. Un oracle,
qui n'aimait pas Ménecée, fils de Créon,
annonça que fi ce Prince fe dévouait pour
fa patrie, il lui affurerait la victoire. Le
héros entrait dans cet âge, où un cœur
généreux s'unit à une imagination exaltée,
pour faire de grandes chofes ; perfuadé
que fon nom ne fe prononcerait , dans
les générations , qu'avec celui d'une patrie dont feul il avait prévenu la chûte,
il fe rend devant les remparts de Thèbes,
& s'y perce de fon épée. Mais l'oracle

mentit, & la mort sublime de Ménecée.
ne sauva pas la Monarchie d'Etéocle.

Le siége commença à devenir fatal aux
sept Chefs. Capanée, l'un d'eux, ayant
voulu escalader les remparts, fut renversé
dans le fossé, & mourut de sa chûte. La
terre s'entr'ouvrit sous Amphiaraüs, &
l'engloutit avec son char. Tydée, Pathé-
nopée & Hippomédon périrent d'une manière non moins tragique ; mais toutes
ces pertes ne rallentirent point les opé-
rations du siége.

Polynice, effrayé enfin du spectacle de
tant de sang qui coulait pour sa querelle,
proposa un combat singulier à Etéocle.
La lice horrible fut ouverte entre les deux
armées, & les deux frères s'entretuèrent.

POLYDAMAS. — La mort tragique des
deux enfans d'Œdipe ne termina point
la guerre, que leur rivalité avait fait naître.
Créon, fils du généreux Ménecée, fit
couronner Polydamas, l'héritier naturel
d'Etéocle ; & comme ce Prince sortait à
peine de l'enfance, il gouverna sous son

nom. C'eſt lui qui, maître un moment du champ de bataille, pour irriter encore davantage les confédérés, défendit qu'on rendît, à leurs morts, les devoirs funèbres. Antigone ne crut pas qu'une telle défenſe pût regarder un Prince de la maiſon royale; elle alla reconnaître le corps ſanglant de ſon frère Polynice, & le traîna elle-même juſqu'au bûcher d'Etéocle. Ce trait héroïque de piété fut empoiſonné auprès de Créon, qui fit enterrer vive la fille d'Œdipe. On murmura, dans Thèbes, contre le tyran, on le chargea d'imprécations hors de Thèbes, mais Antigone ne fut pas vengée.

Cependant le ſiége n'avançait point. Il ne reſtait plus qu'Adraſte des ſept Chefs, & ce Prince n'était pas aſſez puiſſant pour ſoutenir lui ſeul tout le fardeau de la guerre; il revint à Argos, & l'expédition fut continuée par une nouvelle génération de guerriers deſtinés à la terminer avec gloire. Ces guerriers étaient les fils des ſept Chefs; on les connaît fous le nom d'Epigones ; l'oracle fit décerner le commandement en chef à celui qui en était le moins digne , à cet abominable Alcméon , que nous avons vu affaffiner fa mère, pour fervir la jaloufie d'Amphiaraüs.

Thèbes était épuifée de foldats par le premier fiége qu'elle avait fubi ; auffi quand les Epigones fe préfentèrent devant fes remparts , au lieu de fonger à fe défendre , elle s'amufa à confulter les devins ; il y en avait un très-célèbre parmi fes citoyens. C'était l'hermaphrodite Tiréfias , perfonnage que nous ne tarderons pas à préfenter au Philofophe fous toutes fes faces. Ce Tiréfias , qui n'était prophête pour les Béotiens, que parce qu'il les effaçait en raifon & en lumières , preffentit qu'une ville à demi-ruinée ne pouvait tenir aifément contre des troupes fraîches commandées par l'élite des guerriers de la Grèce , il confeilla aux Thébains de ne point s'enfévelir fous les ruines de leurs remparts , & de fe créer ailleurs une autre patrie. Cet avis fut univerſellement adopté ; on profita du ſilence de la nuit, pour ſe frayer une route vers les rochers qui entourent le baſſin de la Béotie, & Tilphoſée devint l'aſyle des reſtes infortunés du peuple de Cadmus.

Le lendemain les Epigones, inſtruits de la retraite des aſſiégés, entrèrent dans Thèbes, devenue un vaſte déſert, & la livrèrent au pillage. Comme Laodamas, retiré en Illyrie, avait laiſſé le trône vacant, les vainqueurs en profitèrent pour faire un Roi. Leur choix tomba ſur Therſandre, fils de Polynice.

Thersandre. — Ce Roi, ſans ſujets, eut la ſage politique de ne point proſcrire ceux des Béotiens qui étaient reſtés fidèles à Polydamas. Ce trait de clémence ramena, dans ſa capitale, la plûpart des citoyens retirés à Tilphoſée, & déja la Monarchie commençait à refleurir, quand l'enthouſiaſme guerrier de ſon ſiècle l'entraîna au ſiége de Troye.

Therſandre ne vit, de cette expédition

mémorable, que le facrifice d'Iphigénie. A peine arrivé fur les côtes de Myfie, il fut pris, par Télèphe, pour un pirate qui venait ravager fés Etats ; on fondit fur fes troupes, qui furent taillées en pièces, & lui-même perdit la vie fur le champ de bataille.

Tisamène. — Ce fils de Therfandre fe trouva trop jeune pour aller augmenter, devant Troye, le nombre des Rois vaffaux d'Agamemnon ; on nomma, pour le repréfenter dans l'armée Grecque , Pentelée & quatre autres Généraux , qui ne firent parler d'eux , que quand on les tua. Tifamène lui-même fut un des Rois les plus obfcurs de la maifon de Cadmus. Il n'eft connu ni par ce qu'il fit, ni par ce que d'autres firent fous fon règne.

Paufanias donne pour fucceffeurs à Tifamène, cinq autres ftatues couronnées. Autésion, qui, par l'ordre d'un oracle, abandonna fon trône pour fe retirer chez les Doriens; Damasichton , petit-fils du Pentelée , qui périt devant Troye ;

Ptolémée & Xanthus ; le dernier fut tué dans un combat singulier, ou plutôt assassiné. Après sa mort, les Thébains, las d'obéir à des Despotes sans caractère, abolirent la Monarchie, & fondèrent la première des Républiques du Péloponèse. Ce grand évènement peut se placer il y a environ 2930 ans, c'est-à-dire l'an 432 de l'Ere de Paros, qui répond à l'an 1080 de celle de Callisthène : ce calcul chronologique ne donne qu'un peu plus de trois siècles de durée à la Monarchie de Cadmus.

DU THÉBAIN TIRÉSIAS,

ET DIGRESSION SUR LES

HERMAPHRODITES.

CE Tiréfias, que nous avons vu l'oracle de fes concitoyens , au fecond fiége de Thèbes, eft un des perfonnages de l'antiquité les plus faits pour piquer notre attention, par fon organifation phyfique , par la fingularité de fa vie malheureufe , & par les hommages religieux qu'une reconnaiffance tardive a enfuite rendus à fa cendre. Une foule d'Ecrivains en ont parlé (*a*) ; il eft fâcheux que la plû-

---

(*a*) Apollod. *Biblioth.* lib. 1 ; Paufanias, lib. 9 ; Plin. *Hiftor. Natur.* lib. 7, cap. 56 ; Ovid. *Metamorph.* lib. 3 ; Callimac. *Hymn. in lavacr. Pallad.* ; Elian. *Hiftor. Anim.* lib. 8, cap.

part de leurs récits ne se concilient entr'eux, que quand il s'agit de prodiges.

Le premier conte fait sur Tirésias,
c'est qu'il tirait son origine d'une des
dents de dragon semées en terre par
Cadmus.

Ce Thébain était aveugle, & il était
tout simple d'imaginer qu'il l'était devenu par accident, ou plutôt que des
tyrans, jaloux & barbares, l'avaient
aveuglé, pour le punir de sa supériorité
sur les autres hommes; mais on a mieux
aimé faire intervenir les Dieux dans cet
évènement. Les uns ont dit qu'ayant
révélé, à ses concitoyens, des mystères
faits pour rester dans la nuit la plus

5; Euripid. *Tragœd. Phœnic.* Cicer., *de divinat.*
lib. 1; Diod. Sicul. *Histor. Univers.* lib. 5,
cap. 6; Senec. *in Œdipo*, act. 3, sect. 1; Stat.
Thebaïd. lib. 4; Porphyr. Apud. Euseb. *Præpar.*
Evangel. lib. 5 & lib. 3, *de abstinentiâ;* Hygin.
cap. 75; Phlegon. *de rebus Mirabil.* cap. 4;
Clém. Alexandr. *Stromat.* lib. 1.

profonde , le Ciel s'en était vengé en le
privant de la lumière. Le Philofophe Phé-
recyde n'attribuait ce malheur qu'au courroux particulier de Minerve; cette Déeffe,
outrée d'avoir été rencontrée toute nue
dans le bain , avait puni le nouvel Actéon
en lui arrachant les yeux : il eft vrai que
réfléchiffant enfuite fur fa barbarie , elle
dédommagea fa victime , en lui per-
fectionnant l'ouie, au point de lui faire
entendre le langage des oifeaux.

La tradition la plus répandue à cet
égard , eft celle d'Héfiode. Tiréfias , fe
promenant fur le mont Cyllène, rencontra
deux ferpens accouplés , qui probablement étaient confacrés à quelque Dieu ;
il les frappa de fon bâton , & pour punition de fon facrilége , à l'inftant il
devint femme ; quand fon délit fut expié , inftruit par un fonge , il parcourut
de nouveau le mont Cyllène , revit fes
ferpens encore accouplés , & ayant refpecté leur jouiffance , il reprit fa forme
d'homme. Cette idée que Tiréfias avait

connu les plaifirs des deux fexes , fe répandit jufques dans l'Olympe , & un différent s'étant élevé entre Jupiter & Junon , pour favoir qui de l'homme ou de la femme , avait reçu de la nature une plus grande dofe de fenfibilité , pour les plaifirs de l'amour , le devin de Thèbes , appellé pour être leur arbitre , prononça contre le fentiment de Junon , que l'être le plus faible était le mieux partagé du côté de la jouiffance , & la Déeffe , bleffée d'avoir eu tort , aveugla fon juge ; mais Jupiter l'indemnifa en le faifant prophête. Il eft probable que fur la fin de fa vie , le talent que reçut Tiréfias de lire dans l'avenir s'était un peu affaibli ; car dans fa fuite précipitée de Thèbes , il ne prévit pas que l'eau prefque glacée de la fon-taine de Tilphoufe coagulerait fon fang , il ofa en boire pour étancher fa foif , & mourut.

C'eft encore un prodige , dans l'hif-toire de Tiréfias , que d'être mort de pleuréfie à l'âge qu'il avait , quand les

Epigones chafsèrent les Thébains de leur patrie ; Agatharcide prétend que fa vie fut cinq fois plus longue que celle du refte des hommes ; Hygin & Phlégon portent fa carrière jufqu'à fept âges d'homme, & le Poète Tzetzès jufqu'à onze ; le moins abfurde de ces calculs, fuppofe que le devin vécut quatre fiècles, ainfi il ferait né plus de cent ans, avant que Cadmus fongeât à femer en terre ces dents merveilleufes du dragon, que nous avons vu être la tige de fa généalogie.

Tiréfias, pauvre & aveugle pendant fa vie, fit la plus grande fortune après fa mort. On lui érigea des autels dans plufieurs villes de la Grèce, & il eut un Oracle célèbre à Orchomène, qui ne fut réduit au filence que par une pefte terrible qui emporta les Prêtres & les Sibylles.

Cette vie de Tiréfias eft, comme l'on voit, un tiffu de prodiges qui révoltent la raifon ; mais un feul mot fuffit pour en faire rentrer tous les détails dans l'ordre de la nature, & ce mot, que je ne prononce qu'après l'examen le plus lent & le plus réfléchi, c'est que Tiréfias était her-maphrodite.

Quand on lit en Philofophe le récit de la double métamorphofe du devin fur le mont Cyllène, & celle de fon fameux jugement fur les plaifirs des deux fexes, on apperçoit aifément le noyau hiftorique de toutes les fables que la Grèce a adoptées fur Tiréfias; on voit que c'eft à la fingularité de fon organifa-tion phyfique qu'il dut fes malheurs, fa renommée & fon apothéofe.

Tiréfias n'était point un de ces herma-phrodites de notre Europe dégradée qui, faibles ébauches de la nature, n'ont que l'apparence des organes générateurs, & qui ne tiennent aux deux fexes que parce qu'ils en ont la double enfance; la nature s'était épuifée envers lui, & tout annonce que s'il n'avait pas refpecté le pacte focial fondé fur les mœurs publiques, il aurait pu fe lier aux autels à un Thébain &

à une Thébaine , par un double mariage (*a*).

Tout me porte à croire que l'hermaphrodite de la Vigne Borghèse , ouvrage
admirable de Polyclès, représentait originairement Tirésias. Il est impossible de
voir un composé plus voluptueux des
graces d'un sexe , & de la vigueur de
l'autre ; le sculpteur Grec travailla sans
doute d'après l'idée que son imagination

(*a*) Diodore fait entendre qu'il en contracta
un , puisqu'il lui donne une fille nommée Daphné ;
mais ce fait est plus que suspect. D'abord les
autres Ecrivains qui ont parlé de Tirésias , veulent que cette fille s'appellât Manto ; de plus,
il y en a qui veulent qu'Hercule ait été son
père ; autant qu'il est possible de percer dans
cette nuit profonde , je crois que Daphné ou
Manto ne fut que la fille d'adoption de Tirésias ;
c'était elle qui lui servait de guide, quand il
devint aveugle. En reconnaissance de ses ser-
vices , il lui fit part de ses connaissances physiques ; ce qui valut à la Thébaine , chez un peuple
grossier , le titre & les honneurs de Sibylle.

se forma du Thébain divinisé , & la perfection de la copie fait pressentir celle du modèle.

Mais un être plus heureusement né que ceux de son espèce, doit, puisqu'un plus grand nombre de principes vitaux sont entrés dans son organisation , pousser aussi plus loin sa carrière, que les individus avec lesquels on l'assimile. Voilà l'origine de la tradition fabuleuse qui fait vivre Tirésias plus long-tems que sa Monarchie.

Il ne nous reste plus qu'à éclaircir l'histoire des malheurs de cet homme célèbre. Assurément Minerve ne l'a point aveuglé , parce qu'il la vit sans voile ; Junon ne lui infligea pas ce supplice , parce qu'il voulut lui persuader qu'elle était plus heureuse en amour que Jupiter. La vraie cause du sort cruel qu'on lui fait subir , est sa supériorité qui blessa des despotes petits & jaloux. Je ne tarderai pas à dire comment j'ai imaginé que cet évènement se passa ; c'est le résultat de

mes réflexions fur tous les textes contradictoires des Hiftoriens, qui n'ont de
vraifemblance qu'en admettant l'herma-
phrodifme de Tiréfias.

A Dieu ne plaife que je deshonore la
fainte majefté de l'hiftoire, en amalga-
mant des contes philofophiques avec des
faits appuyés fur des monumens ! en in-
firmant la croyance de mes Lecteurs, je
renverferai d'une main l'édifice de morale que je veux élever de l'autre ; je
déclare que jufqu'ici je ne me fuis jamais
permis de mettre mon imagination à
côté des faits, & fi, dans cette occafion,
je dis ce qui a dû être, plutôt que ce qui
a été, c'eft que mon fujet m'entraîne
malgré moi ; encore ai-je le fcrupule d'en
prévenir d'avance, & je ne veux pas que
cette partie de l'hiftoire de Tiréfias ait
plus d'autorité qu'une harangue de Tite-
Live.

Ce font, au refte, les perfécutions que
de tout tems l'intolérance a fait fubir aux
hermaphrodites, qui m'ont fait naître

l'idée d'épuiser tous les détails sur la personne de Tirésias. La grande question de morale que j'envisage ici, ne se rencontre pas deux fois, même dans une histoire universelle.

Qu'on songe que dans la Grèce on étouffait les androgynes comme des êtres contrefaits, dont l'organisation bisarre faisait honte à la nature.

Romulus ayant donné un édit pour purger sa ville naissante des monstres nés & à naître (a), on en prit occasion, dans la suite, de massacrer les hermaphrodites ; car les Augures en firent des monstres, avant que les Philosophes eussent décidé s'il y a des monstres (b).

(a) *Monstruosos partus quisque sine fraude cœdito*, art. XV des vingt-deux loix gravées sur une table de bronze qu'on conserve au Capitole, & connu sous le nom du *Double Décalogue de Romulus*.

(b) Ceci fait allusion à un évènement atroce arrivé à Rome, sous le consulat de Livius & de

Dans les fiècles de barbarie, qui ca-
ractérifent le berceau des gouvernemens
modernes, on a chargé les androgynes
d'anathêmes, comme s'il était en leur
pouvoir de ne naître qu'avec un fexe ; &
on les a exorcifés, comme fi on ne pouvait réunir deux organes générateurs, fans
être moitié homme & moitié diable.

Ce fanatifme des Européens s'eft rencontré auffi dans le Nouveau-Monde ;

Néron : un androgyne étant né dans cette capitale, les Magiftrats firent venir des Arufpices
étrangers pour les confulter fur ce phénomène.
Les charlatans facrés de la Tofcane ne man-
quèrent pas de répondre que cette naiffance était
un prodige funefte qu'il fallait expier ; & fur
cette réponfe abfurde & atroce, le Sénat fit renfermer l'enfant dans un coffre, & on précipita
le tout dans la mer. — *Id vero arufpices ex
Etruriâ acciti fœdum ac turpe prodigium dixere :
extorrem agro Romano procul terra contaĉtu
alto mergendum vivum in arcam condidere ,
proveĉtumque in mare projecerunt.* — *Tit. Liv.
Lib. XXI.*

on raconte que les Caciques de la Floride rendaient efclaves les hermaphrodites : les Mexicains, encore plus barbares, les dévouaient à la mort.

Je voudrais bien favoir de quel principe font partis les Légiflateurs des deux Mondes, pour traiter en fcélérats des êtres qui avaient le malheur de n'être pas organifés comme eux.

Voulait-on les punir de ce qu'ils n'étaient que des individus de l'efpèce humaine imparfaits? mais on n'eft pas plus coupable envers fa patrie, parce qu'on vient au jour avec un double organe, que parce qu'on naît privé d'une organe ; & l'hermaphrodite n'eft pas plus un infracteur des loix fociales qu'un aveugle né.

De plus, qui a dit aux Légiflateurs que l'hermaphrodite eft un être imparfait? une furabondance de principes générateurs ne fait pas plus un être mal organifé qu'une furabondance de fucs vitaux ; & l'hermaphrodite, qui a deux fexes, me femble encore moins difgracié

de la nature, que le géant qui a douze
pieds.

Sans doute que les defcendans des
Lycurgue, des Romulus & des Mon-
tézuma ne lifaient guères Platon ; ce Philofophe, dont le génie était fi grand &
l'ame fi belle, prétendait que dans l'âge
d'or, les hommes étaient androgynes, &
qu'actuellement les êtres intelligens qui
n'ont qu'un fexe, ne font que des hommes dégénérés.

Il y aurait peut-être moins de dé-
mence aux Légiflateurs de punir les hermaphrodites d'être nés plus heureufement que le refte des hommes : leurs loix
de fang rentreraient alors dans la claffe
ordinaire des inftitutions civiles, dictées
prefque par-tout par l'amour-propre bleffé, ou qui craint de l'être, & il en ferait
du code contre les hermaphrodites ,
comme de la loi Républicaine, qui con-
damnait le libérateur de la patrie à
l'oftracifme.

Si quelqu'un de ces Légiflateurs barbares a raisonné un moment , il est probable qu'il aura fait ce sophisme : tout être qui se suffit à lui-même, n'est point enchaîné par la nature à la société : or, l'androgyne qui peut jouir tout seul, se suffit à lui-même ; donc il ne saurait devenir membre de la société ; donc les loix sociales doivent l'exterminer, comme la faulx extermine les plantes parasites qui dégradent un jardin.

Si ma faible voix pouvait se faire entendre dans les tombeaux de ces Législateurs, qui ont tant abusé du raisonnement & de la raison ; voici quelle serait ma réponse à leur syllogisme.

Quand Tirésias naquit , son hermaphrodisme fut un objet de surprise pour un peuple qui ne savait rien en physique. Le père alla consulter l'Oracle de Delphes , sur le prodige prétendu de cette organisation , & la Pythie répondit au nom d'Apollon , que la naissance d'un hermaphrodite était un grand mystère ; que Tirésias serait un jour consulté par les Immortels, pour définir la volupté, & qu'en attendant, on pouvait le regarder fur la terre comme le chef-d'œuvre de la nature.

Tiréfias devenu grand, apprit ce qu'il était & ce qu'il deviendrait, & voulut fe dérober à tant de célébrité; il s'était couché un jour, penfant au peu de befoin qu'il avait des hommes, & il s'était réveillé Philofophe. Le lendemain, il quitta en fecret la maifon de fon père, & vint cacher dans un bourg de Lesbos fon nom, fon double fexe & fes aventures.

Il était alors dans cette fleur de l'adolefcence, où l'œil le plus clairvoyant ne peut juger du fexe que par les habits : afin de ne tromper perfonne, il s'habillait le matin en homme & le foir en femme; mais comme il vivait très-retiré, ne connaiffant qu'un efclave, fes livres & fon jardin, perfonne à Lesbos ne s'appercevait de fa métamorphofe.

Une jeune Lesbienne, qu'on croyait vierge & qui ne l'était plus, voyait tous les matins Tiréfias paffer devant fa maifon pour aller à la fontaine, & devint éperduement amoureufe de lui ; elle lui fit des fignes qu'il ne comprit pas ; elle lui parla, & il ne l'entendit pas ; elle lui écrivit une lettre brûlante, & il ne lui répondit pas : tant d'indifférence la rendit furieufe ; & ne pouvant jouir de l'inconnu, elle réfolut de le perdre.

Il y avait déja du tems que la Lefbienne était groffe, & fon père était le feul qui ne s'en apperçevait pas : le voile fe déchira, la jeune indifcrette, pour fauver la vie à celui qui avait partagé fa faibleffe, autant que pour fatisfaire fon reffentiment, déclara aux Juges qu'elle avait été violée par Tiréfias, & on mit l'hermaphrodite en prifon.

D'un autre côté, un Prêtre de Jupiter qui voyait tous les foirs Tiréfias habillé en femme venir faire fa prière au temple, & qui en était devenu vivement amoureux, n'ayant pu fubjuguer fa froideur & vaincre fes mépris, le cita à un autre tribunal de Lesbos, pour avoir donné un rendez-vous à un jeune homme dans le veſtibule du temple de Jupiter ; l'impoſteur ſacré dépoſait qu'il avait été lui-même témoin du ſacrilége, que la jouiſſance avait été entière, & qu'un pareil attentat avait fait reculer d'un pas la ſtatue coloſſale du ſouverain des Dieux : les Juges frémirent, & ſe promirent bien d'envoyer au ſupplice une femme qui mépriſait un Prêtre, & qui faiſait reculer la ſtatue d'un Dieu.

Les deux Tribunaux étaient ſur le point de condamner contradictoirement l'hermaphrodite, l'un pour avoir violé une Lesbienne, & l'autre pour s'être proſtitué à un Lesbien, lorſque l'Aréopage évoqua la cauſe : on conduiſit alors Tiréſias enchaîné à Athènes, & ſur la route il diſait en lui même : voyons un peu ſi les ſages de la terre me puniront d'être né hermaphrodite.

Le Préſident de l'Aréopage, qui dans l'intervalle avait été ſéduit tour-à-tour par un regard de la Lesbienne & par l'argent du Prêtre de Jupiter, eut cet entretien avec Tirésias :

LE PRÉSIDENT.

Qui es-tu, homme imprudent & sacrilége ?

TIRÉSIAS.

Je ne suis pas un homme comme toi, & je m'en félicite : je n'ai été imprudent que lorsque j'ai cru avoir besoin des êtres de ta sorte ; quant au titre de sacrilége, ce Dieu qui voit ton ame & la mienne, sait si je le mérite.

LE PRÉSIDENT.

Tu me méprises, je pense ?

TIRÉSIAS.

Je ne te méprise pas, mais je te juge. — Achève ton interrogatoire.

LE PRÉSIDENT.

On t'accuse d'avoir violé une citoyenne de Lesbos.

TIRÉSIAS.

Je ne lui ai jamais parlé. — Examine au reste la vie de cette Lesbienne : & songe qu'une femme sans mœurs ne se viole pas.

LE PRÉSIDENT.

On dépose contre toi qu'on t'a vu te proftituer à un Lesbien dans le veftibule du temple de Jupiter.

TIRÉSIAS.

Je n'ai vu de ma vie ce Lesbien dont on fait mon amant : mais réponds-moi à ton tour ; tu me crois donc coupable à la fois du viol & du facrilége ?

LE PRÉSIDENT.

Non ; je ne fuis point affez infenfé pour te croire coupable de deux crimes contradictoires : ta jeuneffe, en ce mo- ment, jette un voile fur ton fexe ; mais il eſt impoſſible que tu ſois homme & femme à la fois.

T I R É S I A S.

Impoſſible !

L E P R É S I D E N T.

Sans doute, & c'eſt une des baſes de la phyſique de l'Aréopage ; mais tu as ſûrement commis un des crimes dont on t'accuſe, & nous voulons connaître ton ſexe, pour ſavoir comment il faut te punir.

T I R É S I A S.

Prends garde à la ſentence que tu vas prononcer ; car tu pourrais te tromper à la fois, & comme Phyſicien, & comme Magiſtrat.

L E P R É S I D E N T.

Il ne tiendrait qu'à nous de te faire dépouiller par nos ſatellites ; mais ce tribunal eſt fondé ſur les mœurs ; & nous ne savons pas protéger l'innocence, en la faisant rougir; — on s'en rapporte à toi; parle : pourquoi le matin paraissais-tu vêtu en homme?

TIRÉSIAS.

Parce que je pouvais devenir père.

LE PRÉSIDENT.

Et le soir, pourquoi allais-tu habillé en femme au temple de Jupiter?

TIRÉSIAS.

Pour remercier le Ciel de m'avoir donné la faculté de devenir mère.

LE PRÉSIDENT.

Tes remords troublent ton entendement; que veux-tu dire avec ta double faculté d'engendrer & de concevoir?

TIRÉSIAS.

J'ai tout le sang froid de l'innocence, & je t'annonce que je suis hermaphrodite.

L e P r é s i d e n t.

Toi , tu aurais hérité de l'hermaphro-
difme de Salmacis ?

T i r é s i a s.

L'hiftoire de Salmacis eft un rêve poétique , fondé fur un phénomène d'hiftoire naturelle : il n'a pas plus exifté de
Salmacis changé en fontaine , que de
Sphinx , de Harpies & de Minotaures :
mais il y a eu de tout tems des hermaphrodites ; & ces êtres , s'ils me reffem-
blent , ne font point faits pour être jugés
par les bifarres inftitutions de tes Légiflateurs.

Les codes de toutes les Nations font
fondés fur les rapports qui lient entr'eux
les membres de la fociété ; & moi, je ne
connais point ces rapports , & je n'ai pas
befoin de la fociété.

Mon père n'eft plus : & dès cet inftant
j'ai vu rompre toutes les chaînes qui me
liaient à l'efpèce humaine.

Je trouve en tout climat de l'eau pour me défaltérer, des fruits pour me nourrir, & un foleil pour m'éclairer : ainfi ma patrie eft par-tout..... où je ne rencontrerai pas des hommes.

Que m'importent les Archontes d'Athènes, les Ephores de Sparte, & les Rois de la terre? je n'ai point fait de contrat avec eux pour qu'ils me protègent , & que je les défende ; ils doivent refpecter ma liberté, comme je refpecte leur defpotifme.

La beauté même ne faurait me fubjuguer; je verrais Vénus & Mars fe débattre fans voile dans les filets de Vulcain , fans que mon fang s'élevât au moindre degré d'effervefcence ; je fuis , par rapport aux plaifirs de l'amour , cette ftatue de l'homme dans l'attelier de Prométhée, avant que l'artifte eût tiré du ciel, la flamme qui donna au marbre une intelligence.

Si l'inftinct qui appelle tous les êtres à la génération faifait fermenter le fang dans mes veines, qui sait si je ne pourrais pas calmer aussi-tôt ce feu dévorant : si seul je ne pourrais pas produire & concevoir (*a*) ? alors, plus heureusement né que vous, je paierais le tribut à la nature, avant que ma tête partageât le délire de mes sens.

Voilà en peu de mots mon histoire, mes sentimens & mon apologie ; je parle avec d'autant plus de franchise, que je n'ai d'intérêt à tromper personne, & la parole d'un hermaphrodite vaut bien, à cet égard, les sermens d'une courtisanne & d'un Prêtre de Jupiter.

Je me suis énoncé aussi avec fierté, parce que l'oppression m'élève l'ame, & m'annonce ce que je suis : le méchanisme de mon organisation est trop compliqué pour que la nature fasse souvent des êtres

_____

(*a*) Non Tirésias. Du moins les fastes de la physique n'ont jamais laissé concevoir dans une machine un peu compliquée, un pareil hermaphrodisme.

qui me reſſemblent ; mais par la raiſon même qu'un androgyne parfait eſt infiniment rare, il devrait prétendre à vos hommages : ſeul pour être de mon eſpèce, ſans préjugé, ſans paſſions & preſque ſans beſoins, je devrais gouverner la terre, & je me vois dans les fers, marchant entre la mort & l'opprobre.

J'ai dévoilé des impoſteurs, j'ai éclairé des hommes faibles, & j'ai bravé mes ennemis. — J'attends ma ſentence.

L'Aréopage, juſques-là, avait jugé avec intégrité les hommes : les Dieux l'avaient pris pour arbitre, & s'en étaient bien trouvés ; mais cette compagnie de ſages ſe trompa dans la cauſe d'un hermaphrodite.

Les Grecs, dans ce tems-là, commençaient à ſecouer le joug de leurs tyrans, & ces Républicains ſoupçonneux prenaient ombrage de tout citoyen né ou fait pour augmenter le nombre des Rois.

Il était dangereux de condamner à un opprobre éternel les calomniateurs de Tiréfias : d'un côté, le Prêtre de Jupiter avait mis dans fon parti tous les miniftres des autels ; d'un autre, la Lesbienne avait féduit toutes les femmes des Juges : pour l'hermaphrodite , c'était un être ifolé, dont le fang ne devait point crier vengeance ; de plus, on pouvait, dit-on, le condamner comme ces monftres, dans l'ordre phyfique , qu'on étouffe à leur naiffance , fans péril & fans crime.

Enfin le Préfident de l'Aréopage , corrompu par l'argent du Prêtre & par les faveurs de la courtifanne , cabala avec tant de fuccès pour opprimer l'innocence, qu'on condamna l'hermaphrodite à perdre la vue, & à paffer le refte de fa vie dans l'enceinte d'une prifon.

Tiréfias reçut fa fentence avec autant de calme, que fi elle n'eût regardé que fes accufateurs. »Je pouvais , dit - il, être » père à mon tour, & perpétuer la race » des hermaphrodites : je ne le ferai pas ;

» parce que je vois le fort qui menace
» ma poftérité : la nature ne peut m'or-
» donner de donner le jour à des êtres,
» pour le voir fouffrir & mourir «.

 »Je fuis trop heureux de perdre la
» vue; je ne verrai point les hommes qui
» ont ofé me condamner, parce que je
» n'avais ni leurs befoins, ni leurs vices,
» ni leurs remords «.

 » Je prie le ciel de ne me pas venger;
» je fouhaite que mes ennemis deviennent
» juftes, & je pardonne à l'Aréopage «.

Tiréfias fubit fa fentence : ce refpectable aveugle mourut fans poftérité, & ce
ne fut qu'un demi-fiècle après, que les
Philofophes ayant rendu une juftice tardive à fa mémoire, le peuple inconftant
qui l'avait opprimé fit fon apothéofe.

DE

L'HERCULE THÉBAIN.

Varron, le plus savant des Romains, comptait quarante trois Hercules ; nous avons prouvé, dans l'Histoire du Monde Primitif, que tous ces héros, copiés les uns d'après les autres par la vanité des peuples, se réduisaient à deux, dont l'un est l'Hercule Oriental, & l'autre l'Hercule Thébain, ou le fils d'Alcmène ; pour ceux-là, leur vie est remplie de traits caractéristiques, qui doive empêcher la postérité de les confondre. On sait que Diodore a osé mettre entr'eux cent siècles d'intervalle (a).

Nous n'avons rien à ajouter aux coups de pinceau qui nous ont servi à peindre

______

(a) Lib. 1 , cap. 13.

l'Hercule de l'Orient ; il n'en eſt pas de
même du héros de Thèbes ; il nous ſemble
néceſſaire d'épuiſer les détails ſur ſa perſonne, pour l'intelligence des admirables
monumens de l'art que nous tenons du
ſiècle de Périclès, monumens que l'Italie
s'eſt appropriés en les faiſant revivre ſur
la toile des Raphaël, des Carrache &
des Jules - Romain. La Mythologie
Grecque a d'autant plus de droit à nos
recherches, qu'elle eſt devenue, pour
ainſi dire, le Religion de l'Europe, qui
en a fait l'ame de ſes Poëmes épiques, de
ſes chefs - d'œuvres de ſculpture & de ſes
tableaux (a).

L'Hercule Grec ne devait point naître
dans Thèbes ; il deſcendait en droite ligne

(a) Nous prévenons, que pour lier enſemble nos
anciennes recherches avec les nouvelles, & faire
par-là un tout dont le Lecteur ſoit à portée
d'apprécier les proportions, nous nous ſommes
crus obligés de tranſcrire quelques pages de notre
Hiſtoire de l'Hercule du monde primitif.

de Persée , le Fondateur de Mycènes ;
mais Amphytrion, qu'on regardait comme
son père , fut obligé , pour un régicide
involontaire , de s'exiler de sa patrie , &
voilà pourquoi le héros de Mycènes fut
adopté par la ville de Cadmus.

On nous a transmis l'histoire de ce
régicide , qui, quoique très-simple elle-
même, devient piquante pour nous, par
le tableau qu'elle présente de la naïveté
des mœurs du tems. Electryon, Roi de
Mycènes, partant pour une guerre contre
les Thébains , avait laissé ses Etats &
Alcmène sa fille sous la tutelle d'Amphytrion. Ce Prince , tout issu qu'il était
du demi-Dieu Persée , & Vice-Roi
d'une des plus belles Monarchies du
Péloponèse , conduisait lui-même ses
troupeaux, ainsi que tous *les* Rois des
âges primitifs, qui n'en font pas pour cela
moins respectables. Un jour qu'il rem-
plissait cette fonction pastorale, Electryon,
qu'on n'attendait point , parut ; un des
taureaux effarouchés s'échappe, Amphy-

trion, pour l'arrêter, lui lance sa massue, qui va frapper l'infortuné Monarque, & le renverse sans vie. On plaignit l'assassin presqu'autant que la victime, mais on le priva de la couronne.

Amphytrion désespéré, se réfugia à Thèbes, & Créon, qui régnait dans cette ville, lui fit expier, aux pieds des autels, son crime involontaire. Quelque tems après, le guerrier absous obtint la main d'Alcmène, & se consola dans les bras de son épouse, de la perte du trône de Mycènes.

Cependant (*a*) le Jupiter de Thèbes, ou plutôt le Grand-Prêtre de son temple, devint amoureux de la femme d'Amphytrion, & ne pouvant obtenir ses faveurs, eut recours à un stratagême ; il ne prit

---

(*a*) Ce que nous allons dire sur Hercule, est recueilli de Diodore de Sicile, lib. 4, depuis le chapitre 5, jusqu'au onzième du second livre ; d'Apollodore, du cinquième & du neuvième livre de Pausanias.

pas la figure du Prince, comme l'ont dit Plaute & Molière, qui cherchaient plus à être plaifans qu'à inftruire, mais fes habits & fon ton de voix; ainfi déguifé, le prétendu Dieu fe préfenta, dans l'ombre de la nuit, à fa maitreffe, fous le nom de fon époux, fut reçu dans fes bras, & parce que fes fens furent fatisfaits, il fe crut heureux.

Comme la nature ne pouvait mettre trop de tems à l'organifation de l'homme le plus robufte qui eût encore paru, on imagina que la nuit où Alcmène prodigua fes faveurs au faux Amphytrion qui l'abufait, avait eu une durée triple des nuits ordinaires, ce qui fignifie feulement que l'amant avait paffé trois fois plus de tems avec Alcmène que l'époux. Quoiqu'il en foit, Hercule fut le fruit de cette jouiffance illégitime.

Les ferpens que le héros étouffa dans fon berceau, auraient paru des préfages de fa vigueur future, fi ce conte n'avait été imaginé, lorfqu'après avoir terraffé une foule de monftres, il fut en état de juftifier toutes ces rêveries de la crédulité, qu'on appelle des préfages.

Tout ce qu'il y avait de grand dans la Grèce contribua à l'éducation d'Hercule; Amphytrion l'inftruifit à conduire un char, Eurytus, à tirer de l'arc, Antolycus, à lutter contre des athlètes, Linus, le frère d'Orphée, à jouer de la lyre; mais cette dernière partie de fon inftitution ne réuffit pas; des concerts efféminés n'étaient pas faits pour l'exterminateur des monftres, comme les exercices violens de la gymnaftique. Les cordes de l'inftrument qu'il voulait agiter rompaient à chaque inftant fous fes doigts peu flexibles, & un jour que l'inftituteur de mufique frappa fon élève, pour le punir de fon inexpérience, celui-ci le tua. Les Tribunaux de Thèbes voulurent informer d'un meurtre auffi odieux; mais le jeune brigand allégua une loi de Rhadamante, qui permettait de fe défendre contre un aggreffeur injufte : le meurtre de Linus n'était sûrement pas dans le cas de la loi de Rhadamante ; mais les Juges, qui ne cherchaient qu'un prétexte, confentirent à abfoudre Hercule. Ce trait, malgré l'arrêt qui le lava, eft une tache à fa mémoire.

Les Hiftoriens qui ont fait le portrait d'Hercule, n'ont parlé qu'avec admiration de fa force phyfique ; fon corps ne femblait qu'un tiffu de mufcles & de nerfs, & ce corps avait fix pieds (*a*). Il joignait, à cette haute taille, des proportions qui en doublaient l'apparence ; fa poitrine préfentait une furface prodigieufe, fes pieds & fes mains avaient un volume double des membres ordinaires de l'homme ; fes pas mêmes rempliffaient un plus grand

---

(*a*) Les Hiftoriens les moins exagérateurs donnent à Hercule un peu plus de quatre coudées. Or, la coudée eft évaluée à un pied cinq pouces, non d'après les mefures du monde primitif, mais d'après celles du fiècle d'Alexandre.

intervalle. Il fut chargé de mesurer la carrière Olympique, & le stade qui en résulta, quoique devant être composé du même nombre de toises que les stades ordinaires de la Grèce, en forma au lieu de cinquante & un, quatre-vingt-quatorze. (*a*). Le héros joignait à ces dons de la nature, une adresse rare; on prétend qu'il ne lança jamais une flèche en vain. Tous ces traits rapprochés, justifient un peu les grandes choses qu'on lui attribue.

Hercule atteignait à peine l'âge de l'adolescence, qu'il se mesura avec un lion énorme qui avait son repaire sur le mont Cythéron. Un petit Roi, Thestis

---

(*a*) Le stade Olympique est vraiment de 94 toises & trois pieds; il y a entre ce stade d'Hercule, & le stade vulgaire Grec, qui résulte des calculs des contemporains d'Aristote sur la mesure de la terre, un stade intermédiaire en usage à Alexandrie, qu'on peut évaluer à 76 toises; voyez le tableau gravé des *mesures itinéraires*.

ou Thefpias, dont les Etats étaient ravagés par le monftre, témoigna fa reconnaiffance au héros qui lui en apporta la dépouille, en lui faifant l'accueil le plus diftingué, pendant près de deux mois qu'il refta à fa Cour. Le féjour du bâtard d'Amphytrion chez Thefpias, donna lieu à un conte célèbre dans l'antiquité. On dit que l'hôte du héros ayant eu cinquante filles de fon époufe Mégamède, Hercule les époufa toutes dans une feule nuit, & devint par ce moyen père de cinquante enfans, connus fous le nom de Thefpiades; on ajoute qu'une feule de ces Princeffes (c'était la plus jeune) refufa de fe livrer au mari de fes quarante-neuf fœurs; que le guerrier, pour la punir, la condamna à refter vierge toute fa vie; mais que revenu à lui-même, & refpe&tant fa vertu, il l'honora, dans la fuite, de fon propre facerdoce.

On ne s'attend pas, fans doute, que nous réfutions cette rêverie ancienne, du moins telle qu'elle eft expofée; fans

parler de l'abfurdité qui fe trouve à rendre
Mégamède cinquante fois mère , & à
fuppofer Hercule également épris de
quarante - neuf fœurs , dont la cadette
ayant quatorze ans , l'aînée devait en
avoir foixante , il eft démontré , par les
loix de l'économie animale , qu'il ne
fuffit pas d'être héros pour fe rendre
auffi coupable , qu'on accufe le bâtard
d'Alcmène de l'avoir été envers Thefpias.

Paufanias à vu cette fable du côté
moral , & c'eft en ce fens qu'il prend la
peine de la réfuter. » Ce trait , dit-il ,
» n'a rien de vraifemblable. Je ne vois
» nulle apparence ni qu'Hercule eût abufé
» des filles de fon ami , ni que lui qui
» paffait fa vie à réparer les torts, à punir
» les fcélérats , à venger les injures faites
» aux Dieux & aux hommes, fe fût érigé
» un temple de fon vivant , & dédié
» une Prêtreffe. D'ailleurs le temple
» Béotien , qu'on cite en mémoire de
» cet évènement , eft trop ancien pour

» avoir été confacré au fils d'Amphy-
» trion (*a*) «.

Apollodore a mis, finon quelque vérité, du moins un vernis de vraifemblance dans l'hiftoire fcandaleufe de la
naiffance des Thefpiades. Il fuppofe que
le père de ces vierges voulant améliorer
fa race, par le mêlange de fon fang avec
celui de l'homme le plus vigoureux de
fon fiècle, donna une de fes filles en
mariage à Hercule ; mais que toutes les
nuits, il plaçait une autre de fes fœurs
dans le lit du héros. Ce manége dura,
dit-on, cinquante jours, & quand il fallut
retourner à Thèbes, le demi-Dieu fe
trouva réellement avoir confommé cinquante mariages.

Ce qui peut contribuer à donner quelqu'autorité au récit d'Apollodore, c'eft
qu'il y a en Italie des monumens qui
atteftent l'exiftence des Thefpiades. A.

____

(*a*) Lib. 9, cap. 27.

les en croire, ces fils d'Hercule ayant atteint l'âge de raison, s'embarquèrent fur la Méditerranée, ayant à leur tête Iolas, & allèrent établir une colonie dans la Sardaigne.

L'hiftoire d'Hercule, au fortir de la cour de Thefpias, commence à être digne d'un héros qui afpirait à l'apothéofe. A peine fut-il dans les murs de fa patrie, qu'il trouva l'occafion d'en être le libérateur ; un Roi obfcur des Myniens, nommé Ergyne, venait de conquérir Thèbes, en avait défarmé les habitans, & leur avait impofé des loix auffi dures qu'humiliantes. Un jour que les commiffaires du Roi Mynien venaient lever le tribut accoutumé, & en exigeaient le paiement avec tyrannie, le fils d'Alcmène parut dans la place publique, & fans s'amufer à difputer avec les fatéllites du defpote, il leur coupa les pieds & les mains. Ergyne infulté dans la perfonne de fes repréfentans, demanda qu'on lui livrât Hercule, & on était décidé dans Thèbes à obéir. Le jeune guerrier alla prendre dans les temples les armes sacrées qui y étaient suspendues, les distribua à ses amis, & se mettant à leur tête, courut au-devant du Roi des Myniens; il le rencontra heureusement dans un défilé, passa sa suite au fil de l'épée, le tua lui-même, & entra en souverain dans cette Thèbes, où il était destiné à périr sur un échaffaut.

Le bruit de cet exploit se répandit dans toute la Grèce, & l'envie, à cet égard, parla le langage de la reconnaissance; elle en était consolée, en publiant qu'il était dû au fils adultérin de Jupiter.

De ce moment, Hercule encouragé par la renommée, ne fit que marcher de victoire en victoire.

Créon, à cette époque, régnait encore dans Thèbes; plein de reconnaissance pour le héros qui lui avait conservé sa Monarchie, il lui fit épouser Mégare sa fille, & le regarda de ce moment comme l'héritier présomptif de sa couronne.

Il eſt probable que l'eſpèce de frénéſie avec laquelle Hercule, encore adoleſcent, ſe livra à l'amour, quel que fût l'objet qui parlât à ſes ſens, occaſionna un dérangement dans ſes organes; il devint ſujet à une maladie de vapeurs, qu'on a même quelquefois caractériſée ſous le nom d'épilepſie. Dans un de ſes premiers accès, il tua les enfans qu'il avait eus de Mégare, & fut obligé d'aller faire expier cet attentat par les Hyérophantes des myſtères.

Le héros, dans ſon voyage religieux, s'arrêta à Delphes, & la Pythie mit une condition bien étrange à ſon abſolution, c'eſt qu'il obéirait toute ſa vie aux ordres d'Euryſthée. Hercule, dont l'ame fière dédaignait juſqu'à l'ombre de l'eſclavage, répugnait aux ſermens qu'on lui demandait; mais il s'y réſolut enfin, quand il entendit l'Oracle lui aſſurer l'immortalité au bout de ſa cárrière.

On s'étonne, ſans doute, de l'audace qu'eut la Pythie de faire ſubir à Hercule le joug d'un Prince qu'il devait regarder comme un usurpateur ; mais elle avait été séduite par l'or du Roi de Mycènes ; celui-ci qui voulait affermir son trône mobile, avait tenté d'enchaîner le fils d'Alcmène par la religion, le seul frein que pût connaître le guerrier, que sa force physique, sa valeur & les hommages de la Grèce, faisaient croire supérieur aux hommes.

Eurysthée, maître, par l'imposture des Oracles, de la personne d'Hercule, ne chercha à faire usage de sa valeur que pour le faire périr. Telle est l'origine de ces exploits mémorables, si connus sous le nom des douze travaux ; au reste, comme ils ne consistaient qu'à nettoyer la terre des brigands & des monstres qui l'infestaient, c'est la première fois, peut-être, que le despotisme a travaillé à faire le bonheur des hommes.

Hercule commença sa carrière athlétique, en combattant le lion de Némée ; comme sa taille était monstrueuse, & que sa peau, par la force de son tissu, semblait inacceſſible aux armes ordinaires ; le héros lutta avec lui corps à corps, & avec ſes mains ſeules, vint à bout de l'étrangler.

Cette lutte corps à corps d'un homme à demi-nud avec un lion, quelqu'extraordinaire qu'elle paraiſſe aux hommes dégradés du dix-huitième ſiècle, n'eſt pas tout-à-fait impoſſible ; mais comment expliquer la mort de l'Hydre de Lerne, reptile monſtrueux, dont le corps unique ſe terminait par cent têtes de ſerpens ? La tradition, à cette merveille, en ajoutait une autre ; c'eſt que toutes les fois que le fer coupait une de ſes têtes, il en renaiſſait deux autres plus terribles encore. Hercule, dit-on, ne trouva d'autre moyen, pour arrêter cette étrange reproduction, que de faire brûler à Iolas, ſon compagnon d'armes, chaque col du monſtre, à meſure qu'il en coupait la tête. Je ſerais tenté de croire que ce travail fait alluſion à quelque découverte ancienne ſur les Polypes. On ſait que cet inſecte aquatique , qui reſſemble au ſerpent , renaît ſous le fer qui le mutile. Il eſt vrai que le vainqueur du lion de Némée ne devait pas avoir la main aſſez phyſicienne pour faire de pareilles expériences.

Hercule eut ordre enſuite d'amener vif le ſanglier d'Erymante , qui ravageait les campagnes d'Arcadie ; l'athlète vigoureux ſaiſit l'animal terrible , le chargea ſur ſes épaules , & entra avec ſon fardeau dans le palais d'Euryſthée ; le Monarque ſans courage , comme tous les deſpotes , ne put vaincre ſa terreur , & alla ſe cacher ſous une cuve d'airain.

Je ne ſais pourquoi on a mis au rang des travaux d'Hercule , le bonheur qu'il eut de prendre dans ſes filets , ou même de forcer à la courſe une eſpèce de ga-zelle au poil roux , à qui les Poètes ont enſuite donné des cornes d'or. Aſſuré-ment , l'animal timide qu'il pourſui-vait , n'était pas digne de tomber ſous ſes coups , & le héros triompha ſans danger.

Il faut faire la même obfervation au fujet des oifeaux du lac Stymphale, qui mangeaient les épis de bled & les raifins de la campagne. L'idée d'Hercule de les éloigner, en faifant frapper jour & nuit fur un tambour d'airain, peut faire honneur à l'imagination d'un pâtre qui veut conferver fa moiffon, mais non au courage du héros qui coupait les géans en deux, & chargeait fur fes épaules le fanglier d'Erymanthe.

Je retrouve un peu plus Hercule dans la manière dont il nettoya les immondices qui s'étaient amoncelées depuis un grand nombre d'années dans les étables d'Augias; il détourna le fleuve Penée, & le fit paffer au milieu de l'édifice. Ce travail fut pour lui, dit-on, l'ouvrage d'un jour; ce jour défignait peut-être une révolution entière de la terre autour du foleil. J'ai autant de raifon de faire des jours d'une année, que les chronologiftes en ont eu de faire des années d'un jour.

Euryfthée, qui cherchait toujours à

faire périr un sujet qui lui faifait ombrage, ou du moins à l'humilier, commanda à Hercule d'aller prendre dans la Crète le fameux taureau, dont Pafiphaë avait été amoureufe. Minos, qui régnait dans cette ifle, n'ofa pas difputer la conquête de ce taureau, à un homme qui fe battait corps à corps avec les lions, & qui portait les fangliers fur fes épaules; le fils d'Alcmène emmena tranquillement fa proie, & la conduifit dans le Péloponèfe.

Le héros, quelque tems après, alla faifir dans la Thrace les jumens de Diomède; ces animaux étaient d'une vigueur fi prodigieufe, qu'on était obligé de les lier dans l'étable avec des chaînes d'airain; on ne les nourriffait point de végétaux, mais des membres mutilés des étrangers qui abordaient dans le pays. Hercule commença par leur faire manger le corps de Diomède, enfuite il foumit au joug leurs têtes indociles, & les amena à Euryfthée; la race de ces jumens antropophages subsistait encore sous le règne d'Alexandre.

Le baudrier de l'Amazone Hippolyte exerça ensuite l'ambition d'Eurysthée & la bravoure d'Hercule. Le guerrier, pour l'obtenir, alla camper avec une armée devant Thémiscire, capitale de l'empire que gouvernait ces héroïnes; il se battit en combat singulier avec les plus célèbres d'entr'elles, les tua toutes, renversa Thémiscire, & mit fin au Royaume des Amazones. L'objet de cette guerre sanglante avait été une ceinture, & la ceinture en fut la récompense.

On compte parmi les travaux de l'Hercule Thébain, l'enlèvement des genisses d'un Roi d'Espagne nommé Géryon. Le héros les prit enfin, mais il lui fallut pour cela, tuer en combat singulier, trois fils de Chrisaor qui commandaient chacun une armée, & faire la conquête de toute l'Espagne.

On s'imagine que des genisses qui ont tant coûté à acquérir, vont devenir le patrimoine le plus précieux d'Hercule. On se trompe ; à peine le conquérant les eut-il en sa puissance, qu'il les céda à un Roi Espagnol qui avait eu la faiblesse de l'adorer ; ces genisses devinrent le Palladium du pays, jusqu'au siècle de Diodore.

Avant d'enlever les genisses de Géryon, Hercule s'était préparé à cet exploit, en défiant en Afrique le lutteur Antée, qui passait pour le meilleur athlète de son tems, & qui, abusant de sa supériorité dans cette partie de la gymnastique, faisait mourir tous ses rivaux, le lendemain de sa victoire ; Hercule triompha de lui, & le fit périr à son tour. Cet exploit, qui n'est pas compté au rang de ses travaux, est bien supérieur à l'enlèvement des genisses de Géryon.

Hercule ne trouvant plus sur la terre de monstres à combattre, fut envoyé dans les Enfers, pour en tirer le chien Cerbère. Proserpine qui y régnait, l'accueillit comme un frère plutôt que comme un ravisseur , & lui permit d'emmener avec sa proie deux héros, qui se trouvaient détenus dans les sombres cachots de l'Erèbe ; c'étaient Thésée & Pirithoüs.

Il n'est pas possible de se tromper sur l'explication de cette descente aux enfers ; car Diodore coupe son récit , en disant qu'Hercule se fit initier aux mystères d'Eleusis. On connaît les mystères anciens, une des plus heureuses inventions des Législateurs, pour propager le théïsme , & donner une base à la vertu. On sait que l'Hyérophante exposait aux regards des initiés les spectacles les plus faits , pour laisser dans leur imagination une trace profonde ; le bonheur des ombres justes dans l'Elysée , les supplices des scélérats dans le Tartare : tous ces objets , si faits pour consoler la vertu gémissante des maux physiques qu'elle éprouve sur ce globe , étaient représentés dans les mystères avec des traits de feu ; mais la superstition n'abusait point de ces grands fpectacles ; on n'animait la nature entière que pour conduire l'homme au dogme d'un Dieu rémunérateur & vengeur, & à celui de l'immortalité.

Le dernier travail d'Hercule fut l'enlèvement des pommes d'or du jardin des Hefpérides ; ce jardin fe trouvait, s'il en faut croire Pline, dans la Mauritanie Tingitane (a). Une Mythologie extravagante voulait qu'il crût réellement dans cette partie de l'Afrique, des pommes d'or, & qu'un dragon épouvantable, veillât pour empêcher les hommes de les recueillir ; mais il eft probable, dit Diodore, que les Nymphes Atlantes, à qui on donnait le nom d'Hefpérides, ne poffédaient, au lieu de pommes d'or, que des brebis, dont la beauté & la couleur de la toifon défignaient le grand prix. Le berger qui gardait ces troupeaux, qu'on ne pouvait payer qu'au poids de l'or, était

______

(a) *Hift. Natur.* lib. 5, cap. 5.

un Argus impitoyable, qui mettait à mort tous ceux qui voulaient les lui enlever; Hercule vint, tua l'Argus, emmena les brebis, & après ce dernier exploit, se ugea lui-même digne de l'apothéose.

On croit qu'Alcide employa dix ans à exécuter ces douze travaux; en revenant de la Mauritanie Tingitane, il se rendit, non à Mycènes, mais à Thèbes; il pensait que tant de périls qu'il avait surmontés avec gloire, le dégageaient assez du serment qui l'avait enchaîné à Eurysthée; & les Oracles, pour ne point perdre de leur crédit, ne mirent point, pour le moment, le héros à de nouvelles épreuves.

Dans l'intervalle des travaux qu'Hercule avait exécutés pour Eurysthée, il avait trouvé encore plusieurs fois l'occasion d'exercer sa valeur pour lui-même; telle est, en particulier, l'origine de sa victoire sur les Centaures.

Il y avait, à cette époque, dans la Grèce, des hommes qui avaient réussi à

dompter des chevaux, & que leur habi-
leté à les monter, faifait paffer aux yeux
de la multitude pour des Centaures, c'eft-
à-dire, pour des êtres particuliers, qui
tenaient de la nature du cheval & de
celle de l'homme. Ce délire de la ftupi-
dité, n'eft pas particulier aux contemporains d'Hercule, & on fait que les Péru-
viens le reffufcitèrent à l'arrivée des
Efpagnols dans le Nouveau-Monde. Les
Centaures Grecs, comme ceux qui mar-
chaient fous les drapeaux de Pizarre,
étaient des brigands qui abufaient de
leur force ; le fils d'Alcmène les combattit & les mit à mort. C'eft alors que
périt Chiron, le Médecin le plus célèbre
de fon tems ; mais la volonté du héros
n'eut point part à cette mort comme à
celle de Linus, & il ne faut point en
faire un crime à fa mémoire (*a*).

(*a*) Nous avions cru d'abord cette défaite
des Centaures de l'âge de l'Hercule Oriental ;

Alcide ternit un peu la gloire de tant d'exploits, en répudiant Mégare, qu'il céda à un des compagnons de ses travaux; le ciel parut l'en punir, en multipliant les accès de son épilepsie; il a recours de nouveau aux Oracles, & ceux-ci, toujours gagnés par l'or d'Eurysthée, lui imposent, pour se faire expier, la loi étrange de se laisser vendre comme esclave.

Hercule crut en effet qu'en cessant d'être libre, il cesserait d'être malade, & consentit qu'on le vendît à Omphale, Reine de Lydie. Cet esclavage dura trois ans. Le guerrier, dans l'intervalle, réprima divers brigands de l'Asie mineure, dont il amena les chefs enchaînés aux pieds de sa maitresse. Omphale l'en récompensa, en lui donnant sa main. Il

cependant après des réflexions plus mûres, nous tendons à donner cet exploit, qui n'a rien de trop merveilleux, au fils adultérin d'Amphytrion.

naquit de ce nouvel hymen un Héraclide, tige d'une famille de Rois de Lydie.

Quand on veut lier par une chaîne chronologique les exploits de la vie merveilleuse d'Hercule, il faut faire suivre son mariage avec Omphale, par sa navigation avec les Argonautes.

Dans ces premiers âges de la Grèce, où on ne connaissait d'autre gloire que celle de la valeur, tout l'Archipel était plein de Chevaliers errans, qui, comme au siècle de Dom Quichotte, faisaient métier de terrasser les monstres, de pourfendre les géans, & de délivrer les princesses quand elles étaient belles, des mains de leurs persécuteurs. Hercule, pendant son séjour dans l'Asie mineure, ayant appris qu'il y avait dans la Colchide, une toison d'or gardée par des monstres, dont l'enlèvement ferait le plus grand honneur à sa bravoure, s'embarqua à cet effet avec Jason. Nous avons parlé en détail de cette expédition, ainsi que de la délivrance d'Hésione

& de la prise de Troye qui en furent les suites , & nous avons distingué avec soin le voyage des Argonautes Grecs , dont l'Hercule Thébain put être l'ame, de celui qui ne fut présidé que par l'Hercule de l'Orient.

Les mêmes principes de critique nous obligent à rapporter au héros du monde primitif, d'autres exploits dénaturés par la vanité Grecque , afin de les transporter au fils d'Alcmène. Telle est la fameuse guerre des Titans , où les Poètes font entasser aux Typhée & aux Encelades, montagnes sur montagnes pour escalader le firmament. Cette fable , réduite par Diodore à sa juste valeur , ne nous offre que la lutte de quelques hommes supérieurs par la taille, contre un héros qui les effaçait par son courage ; mais à l'époque des Monarchies du Péloponèse , il n'y avait plus de race de géans , & l'Hercule Thébain était lui-même un Encelade pour ses contemporains, parce qu'il avait six pieds.

L'aigle de Jupiter mis à mort pour faire cesser le supplice de Prométhée, est encore un évènement que la critique ne peut rapporter qu'aux âges antérieurs, où le genre humain était circonscrit dans l'enceinte de la chaîne du Caucase.

On a lié aussi l'enlèvement des pommes d'or du jardin des Hespérides, exécuté par le fils d'Alcmène, avec l'exploit chimérique du fardeau du ciel soutenu en Mauritanie, & on a eu tort ; cette dernière fable tient à des siècles très-antérieurs. La chronologie de la raison place, au monde primitif, l'Atlas qui donna le ciel à porter à Hercule. Au reste, il y a un fond de vérité dans ce conte Oriental ; on sait que le Roi astronome de la Mauritanie, instruisit le héros des principes de la sphère, & soit que l'élève eût ajouté aux découvertes du maître, soit qu'il n'eût que le mérite d'avoir transmis la vraie théorie des astres aux peuples de l'Europe, on feignit à son retour qu'Atlas s'était reposé sur lui du fardeau de l'univers (a).

C'est sur-tout la création du détroit de Gibraltar, qui porte l'empreinte d'un héros des premiers âges; tous les monumens historiques attestent que lorsque l'Hercule Thébain commença sa carrière glorieuse, il y avait un grand nombre de siècles que l'Afrique & l'Europe, étaient séparées par un détroit navigable; si l'isthme qui servait originairement de barrière entre l'Océan & la Méditerranée put être coupé par un homme, il faut chercher ce bienfaiteur du globe dans un monde neuf, & non dans un monde dégénéré, tel que celui qui touche à la prise de Troye.

Hercule, conquérant de Troye, laissa un moment reposer sa massue. Il se rendit

---

(a) L'expression que Diodore ajoute à ce sujet est remarquable. *Les hommes racontèrent alors d'une manière fabuleuse, un fait vraiment arrivé,* lib. 4, paragr. 7.

à Olympie (*a*) , & prononça son apologie devant l'assemblée de la Grèce. C'est là que ce héros , supérieur à lui-même , parce que sa raison commençait à l'éclairer sur le néant de la gloire que procurent les brigandages , déclara solemnellement qu'il n'avait entrepris aucune guerre que dans le cas de la défense légitime , ou pour obéir aux Dieux dont Eurysthée avait été l'interprète. Dans un siècle un peu plus éclairé , on lui aurait fait entendre que des brigandages héroïques n'en sont pas moins des crimes , quoiqu'ils ayent été inspirés par une Pythie & ordonnés par un despote.

C'est à cette époque , qu'Alcide institua les jeux Olympiques ; il se présenta lui-même dans toutes les lices ; mais comme aucun athlète n'osa se mesurer avec lui , il fut couronné par-tout sans avoir combattu.

______

(*a*) Polyb. lib. 12.

L'histoire place à la suite de l'institution des jeux Olympiques, beaucoup de
petits exploits militaires du fils d'Alcmène, tels que des prises de villes, des
victoires remportées, des trônes donnés
à des Rois légitimes ; mais toutes ces
actions qui suffiraient pour la gloire des
héros ordinaires, ne font pas dignes d'entrer dans la vie du demi-Dieu aux douze
travaux.

Hercule n'ayant plus rien de glorieux
à exécuter dans la Grèce, ce héros, dont
la valeur ne pouvait être oisive, se mit à
voyager. Il partit, suivant les uns, à la
tête d'une armée formidable ; suivant les
autres, seul, & n'ayant d'autres armes
que celles de la nature. La dernière opinion est la plus répandue, mais n'est pas
la plus vraisemblable.

Hercule se rendit d'abord en Egypte,
& y massacra le tyran Busiris, qui ne
logeait dans son palais les étrangers, que
pour les immoler sur l'autel de Jupiter.

Il traversa ensuite les vastes déserts de

la Lybie , & bâtit à fon extrémité une ville à cent portes, très-connue fous le nom d'Hécatompyle , & qui conferva fa gloire , jufqu'à fa conquête par les généraux de Carthage.

En général, l'illuftre voyageur put être regardé comme le Dieu tutélaire de l'Afrique ; il la purgea des monftres qui l'infeftaient, il fit croître fur fon fol aride la vigne & l'olivier, & par tout il encouragea les arts & l'agriculture.

Un des grands fervices que le fils d'Alcmène rendit à l'homme cultivateur, fut de creufer un lit aux fleuves, & de prévenir les ravages de leurs inondations ; il fut, à cet égard, le Dieu tutélaire des Calydoniens , en détournant l'Achéloüs de leur territoire. Comme le nouveau canal qu'il creufa à ce fleuve, amena la fertilité dans le pays, les Poètes, à qui la vérité toute nue , paraît toujours étrangère , en prirent occafion de feindre que le héros s'était battu contre l'Achéloüs, déguifé en taureau, & que dans le combat

il lui avait brisé une corne , dont il avait
fait présent aux peuples d'Etolie. Cette
corne est celle d'Amalthée , qu'on supposait garnie d'épis de bled , de grappes
de raisins & d'oranges ; elle est connue,
dans la Mythologie , sous le nom de
corne d'abondance.

On a trouvé des monumens du voyage
de l'Hercule Thébain en Espagne , tels
que des colonnes érigées par la reconnaissance des peuples sur son passage. De-là ,
le héros entra dans les Gaules , il y abolit
plusieurs usages féroces , entr'autres , celui
de faire mourir les étrangers. C'est-là qu'il
bâtit cette fameuse ville d'Alise , qui
coûta à César tant de peine à subjuguer ,
& dont la conquête fut l'époque de notre
esclavage.

D'autres mémoires que ceux de Diodore , attestent que pendant l'expédition
des Gaules , Hercule défit les géans
Albion & Bergion ; & que les flèches
lui ayant manqué pendant le combat ,
il invoqua Jupiter , qui vint à son se-

cours, en faifant defcendre fur les ennemis une grêle de pierres qui les écrafa (*a*). Depuis que nous avons eu une
phyfique, la race de nos géans a prodi-
gieufement diminué , & le fléau des
grêles de pierres a entièrement difparu.

Il ne paraît pas qu'Hercule , durant
fon féjour dans les Gaules, y ait joué
le rôle de Démofthène ; il ne perfuadait
fans doute les peuples qu'avec fa maffue;
cependant , par une bifarrerie que le
défaut d'ouvrages contemporains nous
empêche d'expliquer , on l'y honora
long - tems comme le Dieu de l'éloquence. C'eft Lucien qui nous a tranf-

____

(*a*) Pompon. Mel. lib. 2. Dyon. Halicarn.
lib. 1. La plaine où fe paffa cet évènement mémorable, en prit, dit-on , le nom de *Campus
Lapideus* , & on l'appelle aujourd'hui *la Crau*,
mot corrompu dont la racine eft *craig* , qui,
dans la langue Celtique , fignifie pierre. Cette
remarque eft de Bochart, *Géograph. facr.* part.
2 , lib. 1.

mis cette anecdote (*a*); & si ce n'est pas un jeu de l'imagination du Philofophe, elle fait quelqu'honneur à celle de nos ancêtres.

L'Hercule Gaulois était repréfenté fous la forme d'un vieillard décrépit, ayant un petit nombre de cheveux parfaitement blancs, & la peau bafanée, comme l'homme du peuple qui a été expofé toute fa vie à l'intempérie des faifons. Couvert d'une dépouille de lion, & le carquois fur l'épaule, il tenait d'une main un arc bandé, & de l'autre fa maffue; ce perfonnage bifarre, dont la figure était celle du vieil Saturne, & l'équipage, celui du fils d'Alcmène, traînait après foi une grande multitude d'hommes, qu'il tenait attachés par les oreilles avec des chaînes d'or, travaillées avec la plus grande délicateffe. Ce trou-

_____

(*a*) *In Hercule Gallico*, cet Hercule, dans la langue des Celtes, s'appellait *Ogmius*.

peau humain, quoiqu'arrêté par des liens si fragiles, ne cherchait point à les brifer; on voyait, par les chaînons qui étaient très - lâches, que tous ces efclaves chériffaient leur efclavage ; chacun de ces liens aboutiffait à la bouche d'Hercule, & le Dieu avec fa langue, tirait à lui toute cette multitude. Il eft difficile de donner à un peuple barbare une allégorie plus ingénieufe du pouvoir de l'éloquence ; mais encore une fois, cet Hercule Celte n'a qu'un vain rapport de nom avec celui dont nous écrivons l'hiftoire.

Notre conquérant fe rendit des Gaules en Italie; les Alpes, qu'il traverfa à cet effet, avaient été jufqu'alors impraticables, même pour de fimples voyageurs. Il en applanit les fentiers, & les rendit fi aifés, qu'une armée entière pouvait y paffer avec tout fon bagage. Quand nos armées ont voulu pénétrer en Italie, elles ont vainement cherché cette route d'Hercule. Si elle exiftait, ce ferait, fans contredit, un monument supérieur, même aux douze travaux.

Hercule entra dans le Latium, s'arrêta près du Tibre, à l'endroit où Rome fut dans la suite bâtie, & parcourut toutes les côtes maritimes de l'Italie. Son séjour dans le Royaume de Naples, est devenu célèbre par la digue qu'il éleva entre la mer & le lac d'Averne, pour empêcher leurs eaux de se réunir; on parle aussi des géants qu'il défit auprès du mont Vésuve; car ce demi-Dieu, comme Dom Quichotte, ne peut faire un pas sur le globe, sans trouver des géants à combattre.

Hercule, qui se faisait un jeu de pourfendre les géans, ne fut pas aussi heureux contre les cigales; tourmenté sur les confins de Rhege par ces insectes, il fut obligé de s'adresser à son père pour le délivrer de leur importunité. Jupiter l'exauça, & *depuis,* ajoute Diodore, *les cigales de ce canton ont totalement dif-paru* (*a*).

Le héros n'ayant plus, en Italie, ni géants à paſſer au fil de l'épée, ni cigales à anéantir, voulut viſiter quelques iſles de la Méditerranée; il vint en Sicile, &

(*a*) Lib. 4, paragr. 6. — Il ne faut pas cependant accuſer Diodore de trop de crédulité. Cet Hiſtorien, comme Tite-Live, annonce preſque toujours ſon ſcepticiſme, en mettant l'expreſſion, *on dit*, au-devant des contes qu'il rapporte; on voit, par une phraſe qu'on lit à la tête de ſon hiſtoire d'Hercule, quelle était ſa manière de penſer au ſujet des traditions, ſoit grecques, ſoit orientales, ſur la perſonne de ce héros. » La Mythologie, dit-il, a un peu en-» chéri ſur l'exacte vérité; mais ce n'eſt pas une » raiſon pour rejetter l'hiſtoire d'Hercule, lib. 4, » paragr. 5 «.

Diodore a raiſon; peſons les faits qu'on attribue à ce héros, dans les balances de la critique; mais ne traitons pas ſa vie comme celle de Céſar ou du grand Condé, & ſur-tout n'en faiſons pas une allégorie.

paſſa, dit-on, le détroit, qui avait alors treize ſtades de long, en ſe tenant aux cornes d'un taureau.

A peine fut-il deſcendu ſur le rivage, qu'un Roi du pays, nommé Erix, qui ſe diſait fils de Vénus, le provoqua à la lutte; il propoſait, pour prix de la victoire, ſon Royaume, & Hercule ne propoſait que des geniſſes. Malgré l'inégalité des conditions, le traité fut accepté; le fils d'Alcmène vainquit le fils de Vénus, & il donna les Etats, qu'il avait acquis ſi aiſément, aux ſujets même d'Erix; alors le Royaume devint une République.

Tel fut le terme des voyages d'Hercule. Malgré le nombre de colonnes que la terreur des peuples, ou leur reconnaiſſance érigèrent ſur ſon paſſage, ſon expédition, ne fut pas auſſi mémorable qu'elle devait l'être; il ſemblait que celle du Bachus de l'Orient, qui précéda la ſienne, avait épuiſé l'admiration des hommes.

Le reste de la vie d'Hercule n'est guères que l'histoire scandaleuse des violences qu'il fait à un sexe, qu'il faudrait encore respecter par l'intérêt du plaisir, quand même on ne le ferait pas, par égard pour sa faiblesse.

Le bâtard d'Alcmène, étant allé demander l'hospitalité à un Roi d'Arcadie, profita du libre accès qu'on lui avait donné auprès de sa fille, pour la déshonorer. La grossesse de cette infortunée se déclara bientôt ; on l'interrogea, & elle répondit qu'elle avait été violée par Hercule ; le Roi ne put, où n'osa se venger sur son hôte perfide ; & il déchargea tout son ressentiment sur sa fille, qu'il condamna à la mort ; Téléphe naquit de ce crime d'Hercule.

Le héros dangereux prouva cependant quelquefois, au milieu des atteintes qu'il donnait à la morale de la nature, qu'il n'en méconnaissait pas les principes. Un Omade, ayant violé dans cette même Arcadie, Alcyone, sœur d'Euryflée, quelque haine qu'il portât au Roi d'Argos, qui l'écrasait sous le fardeau du despotisme, il eut la grandeur d'ame de le venger, & ne parut devant ses yeux, qu'avec la tête du malheureux qui avait déshonoré Alcyone.

Hercule, peu scrupuleux sur le choix de ses épouses, se maria par-tout où il trouva des femmes qui parlèrent à ses sens ; aussi la plûpart de ses mariages furent malheureux, & le dernier qu'il contracta, fut le principe de sa mort.

Une des beautés de la Grèce, qu'Hercule demanda, avec le plus d'instance, pour l'unir à sa destinée, fut Iole, fille d'Euryte, Roi d'Œchalie ; son père, qui avait appris, de la Renommée, les égaremens du héros, ne pouvait se déterminer à le choisir pour gendre. Hercule, prenant son irrésolution pour un refus, partit de sa Cour, & pour se venger du Prince, déroba ses chevaux ; Iphitus, fils d'Euryte, qui soupçonna quel était le ravisseur, l'alla chercher dans Tyrinthe ; mais l'heureux brigand, couvrant un crime par un autre, saifit le jeune Prince , & le précipita du haut d'une tour. Hercule, revenu de fa frénénéfie , chercha à expier le meurtre d'Iphitus. L'oracle qu'il confulta , lui ordonna de fe laiffer vendre publiquement , & d'en affigner le prix aux enfans du Prince qu'il avait affaffiné. Cette étrange expiation le conduifit , comme nous l'avons vu , à fon efclavage chez Omphale.

Déjanire fut la dernière femme d'Hercule , & par conféquent la dernière de fes victimes. Elle traverfait un jour un fleuve à gué , fur le dos du Centaure Neffus ; mais à peine fut-elle arrivée à bord, que le perfide nautonnier , épris de fes attraits , voulut lui faire violence ; Hercule , qui vit le crime du Centaure, du rivage oppofé , lui décocha une flèche, & le bleffa à mort. Neffus, avant de périr , dit à Déjanire qu'il voulait lui laiffer un philtre , qui lui aſſurerait pour jamais le cœur de ſon époux , & ce philtre était une huile particulière , amalgamée avec le ſang qui découlait de la flèche empoiſonnée qui l'avait bleſſé ; il lui recommanda de frotter de ce mêlange la tunique d'Hercule , & à l'inſtant il expira. La crédule Déjanire recueillit avec ſoin ce prétendu philtre dans un vaſe ; quelque tems après, inſtruite d'une nouvelle infidélité de ſon époux , elle le revêtit de la tunique fatale. Le poiſon fit ſon effet, & Hercule, dans les accès de ſa frénéſie , tuait tous ceux qui l'approchaient. On envoya, à Delphes, conſulter l'oracle, & le Dieu répondit qu'il fallait conduire, avec un appareil de guerre , le héros mourant au ſommet du mont Œta , y dreſſer un grand bûcher , & abandonner le ſoin du reſte à la puiſſance de Jupiter.

Dans l'intervalle, Déjanire , déſeſpérée d'être la cauſe innocente du malheur d'Hercule , s'en était punie , en s'étranglant de ſes propres mains.

Cependant le fils d'Alcmène , qui croyait sa guérison impoſſible , était monté avec courage ſur le bûcher , & conjurait tous ſes amis d'y mettre le feu ; perſonne n'oſait lui rendre ce ſervice terrible ; Philoctète à la fin s'y détermina , & le héros le récompenſa , en lui faiſant préſent de ſes flèches. A peine le flambeau eût-il touché le lit de mort d'Hercule , qu'on entendit un coup de tonnerre , & le bûcher parut tout en feu. Quand le bois fut tout entier conſumé , on vint chercher les oſſemens de la victime de Neſſus ; & comme on ne les trouva point , on jugea qu'il avait été fait Dieu. Ce préjugé populaire contribua encore plus que ſes exploits à ſon apothéoſe.

Dans la ſuite , quand nous arriverons à l'époque de la fondation de Rome , nous verrons le même prodige & le même préjugé populaire ſe renouveller ; nous verrons des Sénateurs, qui s'étaient défaits , pendant un orage , de Romulus , publier que ce héros avait été enlevé au ciel par Jupiter ; la multitude croire ce menſonge politique de ſes Magiſtrats, & les Hiſtoriens de Rome, le répéter, juſqu'à ce qu'il leur fût permis d'être Philoſophes.

Les Ecrivains Grecs diſent qu'Hercule étant monté dans l'Olympe , y épouſa Hébé , la Déeſſe de la jeuneſſe ; mais les mariages de ce héros dans, l'Olympe, ne ſont pas du reſſort de l'Hiſ-torien des Hommes.

Il nous reſte des Grecs , & proba-blement du beau ſiècle de Périclès , deux magnifiques morceaux de ſculpture qui regardent l'Hercule Thébain ; l'un eſt le héros grouppé avec Antée, qu'il terraſſe ; l'autre eſt le même guerrier s'appuyant ſur ſa maſſue ; le dernier eſt connu , en Italie, ſous le nom de l'Hercule Farnèſe.

On pourrait citer encore parmi les ſtatues de l'Hercule de Thèbes, qui por-tent l'empreinte de ce génie Grec, qu'aucune nation n'a pu atteindre, le Torfe du Belvédère ; mais ce bel ouvrage n'eft parvenu à nous que mutilé, fans pieds, fans mains & fans tête ; cet Hercule, quoique défiguré d'une manière auffi étrange par les barbares, eft encore l'objet de l'étonnement des connaiffeurs & prefque de leur enthoufiafme.

Quant à l'Hercule Oriental, que nous aurions defiré de mettre en regard avec l'Hercule de Thèbes, il eft d'une trop haute antiquité, pour que les Sculpteurs de notre monde moderne aient pu copier fes traits, & nous les tranfmettre ; il exifte, il eft vrai, une image fantaftique d'un athlète qui foutient le globe fur fes épaules, ouvrage d'un travail très-fini, qu'un Grec fculpta en forme de lampe, & qui doit peut-être fa confervation à cette bifarrerie de l'Artifte ; mais quoique l'exploit foit de l'Hercule Oriental, le perfonnage eft évidemment copié d'après les traits connus de l'Hercule de Thèbes ; ainfi ce monument de la vanité Grecque, ne donne aucunes lumières sur les hommes du monde primitif.

SUITE

DU RETOUR DES GRECS.

LÉGISLATION DE LA CRÈTE,

ET HISTOIRE DE SA MONAR-

CHIE (a).

Nous venons de voir les Thébains voler au monde primitif son Hercule, pour rendre plus merveilleuse l'histoire du bâtard d'Amphytrion. Nous allons voir les Crétois, encore plus téméraires, lui voler tous ses Dieux, afin que leur isle passât pour le berceau de la plus ancienne religion du globe.

Les Insulaires de la Crète s'y prirent

(a) Notre principal guide est Diodore, lib. 4, cap. 19, & lib. 5, cap. 19.

adroitement, pour donner une bafe à leur étrange théologie : ils commencèrent par fe dirent iffus de la terre même qu'ils habitaient ; & quand leur réputation d'Autochtones fut bien établie , ils fe donnèrent auffi des Dieux indigènes : dès qu'une première abfurdité eft reçue , elle devient le paffe-port de celle qui la fuit ; c'eft l'hiftoire du genre humain.

Cependant , dès qu'on réfléchit un moment fur la théorie du globe, on voit que la Crète doit être un pays très-moderne , en comparaifon même du Péloponèfe; car les ifles font nées de la mer après les péninfules , comme les péninfules après les continens ; telle eft la marche ordinaire de la nature ; fans ce principe , il n'y a , dans l'antiquité, ni géographie , ni chronologie, ni hiftoire.

Si la race humaine eft toute neuve dans la Crète , on doit penfer que les Dieux qu'elle a créés font à-peu-près de la même date ; mais quand les Crétois bâtirent leur fyftême politique & religieux , il n'y avait

point de Philosophes dans la Grèce ; &
au moment où ces Philosophes parurent,
les Crétois, pauvres & esclaves, ne mé-
ritèrent plus qu'on examinât le néant de
leur histoire.

Il est évident que la Crète fut peuplée
originairement par les Phéniciens. A
l'époque où cette nation de Navigateurs
y établit une colonie, elle venait de
sortir des eaux ; c'est le sens du mot
Keretah, qu'ils lui donnèrent (*a*), & que
les siècles ont conservé jusqu'à nous,
sans en soupçonner l'étymologie.

Les Dieux Crétois sont tous origi-
naires du monde primitif, & ce furent
les Phéniciens qui les transmirent à ces
Insulaires ; on y reconnaît presque toute
l'ancienne famille d'Ouranos, dont San-

(*a*) Le mot phénicien *keretah* répond, comme
nous l'avons vu, au mot latin *avulsa*, c'est-à-
dire *arrachée des entrailles de la mer*. Voyez
les *Réflexions critiques* de Fourmont, tome 2,
pag. 23.

choniaton eſt l'Hiſtorien ; ſeulement les Crétois altérèrent à deſſein la vie de ces héros Atlantes, & leur généalogie, pour que leur plagiat religieux fût moins manifeſte ; cela eſt démontré, quand on met en regard la théogonie Crétoiſe avec celle de l'Hiſtorien de Phénicie.

Les pères des Dieux de la Crète furent des Sorciers & des Saltinbanques, & les Crétois n'ont volé cette abſurdité à perſonne. Ils les nommaient Dactyles & Curetes ; il en eſt beaucoup parlé dans l'ouvrage de Diodore.

Les Dactyles naquirent, dit-on, ſur le mont Ida (*a*), ils étaient, originairement, au nombre de cent ; d'autres veulent qu'il n'y en eût que dix, ſymbole

---

(*a*) Il s'agit ici du mont Ida de la Crète. Au reſte, l'ancien Hiſtorien Ephore prétendait les Dactyles iſſus du mont Ida de Phrygie ; ce qui eſt très-indifférent pour les contemporains de Louis XVI. Voyez *Diod. Sicul.* lib. 5, cap. 39.

facré des dix doigts de la main humaine. Leur première occupation fut celle des enchantemens & des fortiléges ; ils allèrent dans la Samothrace , & étonnèrent fes habitans par leurs preftiges ; il eft probable qu'ils produifirent des hommes, pour les adorer , avant de devenir Dieux. Au refte , Diodore donne une efpèce de fondement raifonnable au culte qu'on leur décerna ; à le croire, ce ne fut pas l'art fantafque des fortiléges qui égara à ce point la reconnaiffance des peuples , ce furent les fervices qu'ils leur rendirent, en leur découvrant l'ufage du feu , l'art d'exploiter les mines , & les procédés ingénieux de la métallurgie.

Les Crétois mettaient au nombre de ces Dactyles Hercule , & ils lui faifaient inftituer les jeux Olympiques. Malheureufement l'Hercule Oriental , dont parlaient ces Infulaires , vivait , fuivant Diodore , cent fiècles avant celui qui fonda à Olympie les jeux les plus célèbres du Péloponèfe.

Les Curetes étaient les fils des Titans ;
ils habitèrent long-tems sur des rochers
taillés en précipices, & ils se firent ainsi
respecter comme les despotes de l'Asie,
en se rendant inaccessibles. Dans la suite,
ils descendirent de leurs montagnes, &
se firent les Légiflateurs de la Crète ; ils
apprirent, dit-on, aux Insulaires à mettre
les animaux sous le joug, à se défendre
avec l'arc & l'épée, & à construire des
villes. Ils étaient sorciers comme leurs
pères, & devinrent Dieux à leur tour (*a*).

Un des Curetes épousa Titœa, & de
ce mariage naquirent les Titans, famille
céleste, composée de onze individus,
dont six garçons, Saturne, Hypérion,
Coïos, Japet, Crios & l'Océan ; les
cinq filles furent Rhéa, Thémis, Mné-
mosyne, Phœbé & Thétis : toute cette

____

(*a*) Strabon, un peu moins crédule que les
Crétois, dit que les Curetes étaient Etoliens
d'origine. Voyez *Géograph.* lib. 10.

généalogie ne se rapporte gueres avec celle de Sanchoniaton, & encore moins avec celle des Grecs; mais aussi, si les Crétois n'avaient pas altéré à dessein les annales Phéniciennes, ils n'auraient point eu de théologie.

On ne connaît gueres les Dieux Coïos & Crios ; Hypérion fut un astronome dont on parla quelque tems dans l'Archipel Grec. Japet est le père de Prométhée.

Nous avons parlé dans l'histoire du monde primitif de l'antique Saturne. Le Jupiter qui en naquit a aussi été dessiné sous toutes ses faces. Mais les Crétois ajoutèrent à la vie de ce dernier personnage, des particularités qui ne peuvent se trouver que dans leurs annales.

Le Jupiter de Crète fut, dit-on, le Roi de son isle ; quand il eut policé ses peuples, il entreprit des voyages maritimes ; il alla en particulier au midi de l'Arabie Heureuse, & y fonda la fameuse théocratie de l'Archipel Panchéen, qui fit naître à l'antique Evhémère l'idée de son histoire philosophique des Religions *a*).

Il ne faut pas croire, si ce voyage a réellement été exécuté par le Jupiter de Crète, qu'il eut tenté d'aborder au midi de l'Arabie, comme le feraient nos Navigateurs modernes, en faisant le tour du continent de l'Afrique. A cette époque la mer Rouge communiquait à la Méditerranée, & l'isthme de Suèz ne s'était pas encore élevé au-dessus des eaux ; ainsi le Roi de Crète, en partant de son isle, pouvait ne mettre que quinze jours, à un voyage, pour lequel il faudrait au moins quatre mois à nos Cook & à nos Anson.

Il est, au reste, assez avéré, qu'un Crétois, qui portait le nom de Jupiter, conduisit une colonie dans l'isle Panchaye : on le prouve par le culte qui lui fut dé-

---

(*a*) *Diod Sicul.* lib. 5, & fragment du liv. 6 qu'Eusèbe nous a conservé. Eusèb. *Præpar. Evangel.* lib. 2.

cerné par les habitans, pour confacrer la mémoire de fes bienfaits; par des mots de l'ancien Crétois, qui s'étaient confervés dans l'idiôme de l'Archipel Arabique, & par des caractères tracés de la main même du navigateur divinifé, dans un temple de l'ifle dont il avait jetté les fondemens.

Ce peu que nous favons de l'ifle Panchéenne, de fa théocratie & du voyage de Jupiter de Crète, eft d'autant plus authentique, qu'Evhémère, de qui nous le tenons, vit lui-même tous ces monumens fous le règne du fecond des fucceffeurs d'Alexandre. Il n'y a rien de plus philofophique que fon fragment analyfé par Diodore. C'eft là qu'on trouve l'origine naturelle de tous les Dieux de la Mythologie Grecque ; on y donne la généalogie d'Ouranos, de Saturne, de Jupiter ; on parle de leurs mariages, de leurs conquêtes & de leurs crimes, comme fi c'étaient de fimples Souverains, & les héros d'Evhémère réconcilient un peu la raison, avec les Dieux d'Hésiode & d'Homère.

Le Jupiter de Crète, de retour dans son isle, y mourut plus obscurément qu'il n'avait vécu, & on lui érigea un mausolée, qui subsistait encore sous les premiers Césars.

Dans la suite, les Crétois voyant la fortune qu'avait faite dans l'Europe le Jupiter du monde primitif, profitèrent de la conformité du nom, pour lier l'histoire de leur Roi Navigateur avec celle du Dieu Atlante; mais leurs Mythologistes ne firent, à cet égard, que de vains efforts; le tombeau que les Insulaires avaient eu la faiblesse de conserver, déposait sans cesse contre l'autel; & les étrangers ne purent jamais se persuader que le Prince, dont on montrait le cadavre dans une petite isle de la Méditerranée, fût l'ordonnateur des mondes.

Teuctame. — Malgré la vanité religieuse des Crétois, leur histoire, même conjecturale, ne remonte pas plus haut qu'à Teuctame, leur premier Monarque, reconnu par les Grecs du Péloponèfe. Ce Teuctame était iffu de Dorus, fils d'Hellen, qui donna fon nom à la Grèce ; quant à leur hiftoire authentique, elle ne date que de Minos, le premier Légiflateur de ces Infulaires, qui fleuriffait un fiècle après le déluge de Deucalion.

Quand Teuctame aborda dans la Crète à la tête de fes Æoliens & de fes Pélafges, il trouva le pays gouverné par une efpèce de Cacique de fauvages, nommé Crès (*a*) ; pour ôter aux habitans tout foupçon d'invafion, il époufa la fille de ce Crès, & Aftérios, qui naquit de ce mariage, acquit par-là quelques droits légitimes à la fouveraineté de la Crète.

Astérios. — Il n'eft connu que par l'enlèvement d'Europe, qui s'exécuta fous

---

(*a*) Eusèbe, dont la chronologie fyftématique eft fi fufpecte, place ce Crès 400 ans avant Teuctame. *Eufeb. Chronic.*

ſon règne. Cette Princeſſe, fille d'Agénor, Roi de Tyr, ſe trouvait la beauté la
plus accomplie de l'Orient. Un pirate
l'enleva, la fit monter ſur un navire dont
la proue était figurée par un taureau, &
l'amena dans la Crète; telle eſt l'origine
de la fable ſi connue, que Jupiter, dé-
guiſé en taureau, ſéduiſit Europe, la
tranſporta dans la partie de notre continent qui porte ſon nom, & las de ſes
faveurs, la changea en étoile (*a*).

Europe, avant d'être une conſtellation,
avait donné trois fils à ſon raviſſeur,
Minos, Rhadamante & Sarpedon : le
Roi de Crète, qui avait plus d'amour que
de délicateſſe, profita de l'indifférence
du pirate, pour offrir ſa main à la fille

(*a*) Le Savant Bochart interprète d'une autre
façon ce conte oriental; il prétend que le mot
phénicien, *ilpha*, ſignifie également un navire
& un taureau; équivoque qui fut le prétexte
de l'étrange métamorphoſe de Jupiter. Voyez
Chanaan, lib. 2, cap. 3.

d'Agénor ; quelque-tems après , il adopta aussi ses trois enfans , qui devinrent par-là les héritiers de sa couronne.

Minos I. — Ce bâtard d'Europe , légitimé par Astérios , a été confondu avec le Prince du même nom , qui eut le malheur d'avoir pour femme l'abominable Pasiphaë ; cette erreur a même été suivie par des Historiens de l'antiquité , qui ont acquis des droits à la créance des siècles (*a*) ; mais le fameux monument des Marbres de Paros , met entr'eux un intervalle de plus de 150 ans (*b*) , intervalle qu'il faut adopter , quand on veut donner à la Crète une chronologie.

Le premier Minos fut un homme juste , ce qui donne la plus pure des renommées ; il rédigea avec Rhadamante , son frère , un code de loix qui a eu le suffrage

---

(*a*) Strab. *Géograph.* lib. 10 ; Plutarch. *in vitâ Thes.* Apollod. *Biblioth.* lib. 3.

(*b*) Voy. *Chronic. Marmor. art.* XI & XIX.

des plus beaux génies de l'antiquité ; aufli en trouve-t-on des traces dans les inftitutions d'Athènes , de Lacédémone , & jufques dans les loix des douze Tables.

Rendre un peuple heureux dans l'économie intérieure & refpectable par fa difcipline militaire aux conquérans qui voudraient troubler fon repos ; tel fut l'objet de la légiflation de Minos , qui, fi le rédacteur avait eu le génie & l'ame de Marc-Aurèle , aurait été le chef-d'œuvre des légiflations.

Minos commença l'éducation publique de la Crète par la difcipline militaire ; Strabon nous a donné quelques détails fur la gymnaftique qui en fit la bafe (a). La jeuneffe était cenfée appartenir à l'Etat, & les pères n'avaient point le droit de choifir fes inftituteurs : on accoutumait le Crétois , dès l'âge de fept ans , à gravir fur des rochers efcarpés , à paffer des

(a) *Géograph.* lib. 10.

torrens à la nage, à lutter à la manière des athlètes ; son vêtement était le même en été & en hiver ; du moment où on lui avait donné des armes, il ne les quittait plus, il offrait le symbole de la guerre jusque dans ses danses, & alors les femmes en étaient exclues. Lycurgue qui, dans la suite, introduisit dans Sparte ces danses militaires, y admit les deux sexes ; mais l'esprit de l'institution primitive se conserva toujours le même, parce qu'à Sparte les femmes étaient hommes.

Un des défauts de cette légiflation de la Crète, ainsi que de toutes les légiflations militaires, est d'avoir inspiré du mépris pour tous les arts pacifiques du citoyen. Le peuple de Minos, tout entier à ses exercices guerriers, aurait cru s'avilir, en descendant aux soins qu'entraîne l'agriculture. Cependant, comme la voix impérieuse du besoin se fait entendre aux sociétés de soldats, comme aux sociétés de cultivateurs, les Crétois, instruits par

une famine, furent obligés de faire la-
bourer leurs terres, pour en tirer le produit. Ils employèrent à ces travaux le
ministère de leurs esclaves.

Il faut, au reste, rendre justice à
Minos ; l'esclavage, dans la Crète,
n'avait point la dureté de celui qui fut
introduit dans Sparte par Lycurgue, &
dans Rome par les Décemvirs. Les Péri-
éciens (c'était ainsi qu'on nommait les
esclaves Crétois) n'étaient assujettis qu'à
ce que nous appellons la servitude de la
Glèbe ; ils payaient aux propriétaires des
terres une somme annuelle, relative à
leur valeur, & le reste du produit servait
à leur subsistance. Je ne sais si un sage,
tel que Socrate ou Epictète, n'aurait pas
préféré le titre d'esclave de la Crète, à
celui de citoyen.

La législation intérieure de la Crète
est assez peu connue : on sait seulement
que le gouvernement en était très-mo-
déré. Pour tempérer le pouvoir des Rois,
qui tendait toujours à opprimer les peu-

ples, Minos inftitua un conseil suprême de dix Magiftrats, obligés, dans les affaires majeures, de recourir aux lumières des Gérontes ou des vieillards. Ce corps de magiftrature, toujours fubfiftant, fe plaçait fans cefse entre le Roi & le peuple, & on ne voit pas qu'il ait jamais attenté, ni aux priviléges du trône, ni à la liberté du citoyen.

Quand Minos eut mit la dernière main à fon code, il défendit à la jeuneffe de la Crète de porter un regard téméraire fur cet ouvrage; elle eut ordre de le trouver parfait, malgré les erreurs qui pouvaient s'y être gliffées. Ce defpotifme étonne, dans un Légiflateur tel que Minos. Quand on veut donner des inftitutions aux hommes, il faut appeller de tous côtés les lumières, il faut provoquer la difcuffion & l'examen; la fatyre même, toute odieufe qu'elle eft, ne doit point être dédaignée; ce n'eft que dans les légiflations effentiellement mauvaifes, comme celles du Japon, que le defpote

doit dire à la victime, *obéis, meurs &*
tais-toi.

Minos, dans la suite, sentit l'odieux
de cette inquisition politique, & il y re-
média par une voie bien étrange, en appellant la superstition à son secours. Tous
les neuf ans il se retirait dans une caverne,
& là, il supposait que Jupiter lui appa-
raissait, pour réformer son plan de législation ; malheureusement, quand il mourut, toute la réforme n'était pas con-
sommée , & les Monarques qui lui
succédèrent n'ayant pas besoin de loix
parfaites, ne s'empressèrent plus à faire
parler Jupiter.

Minos vécut long-tems dans la plus
parfaite concorde avec Rhadamante : des
Historiens ont même prétendu qu'il partagea avec lui sa couronne ; mais sur la
fin de son règne, des artisans des dis-
cordes publiques cherchèrent à les brouil-
ler. Alors, Rhadamante voulant prévenir
un crime à son frère, se retira de la
Crète , & alla s'établir dans des isles

voisines de l'Ionie & de la Carie. Les Poètes, partant de sa haute réputation d'intégrité, pendant qu'il faisait exécuter les loix de Minos, ont supposé qu'après sa mort, Pluton le nomma juge des enfers.

Sarpedon, l'autre frère de Minos, ne se conduisit pas avec autant de sagesse que Rhadamante; trouvant que le Roi de la Crète vivait trop long-tems au gré de son ambition, il se mit à la tête d'un parti, & voulut, les armes à la main, envahir la Monarchie; mais Minos fut vainqueur, & le rebelle alla chercher un asyle dans l'Asie mineure. Ce dernier fonda un petit État dans la Lycie, appellée alors Myliade. C'est d'Evandre, son fils, que naquit le Sarpedon, allié de Troye, dont Homère a fait un des héros de son Iliade.

Lycaste. — La gloire du premier Minos fut un fardeau pour son fils, qui vécut & mourut obscur. Son nom ne sert qu'à lier enfemble les règnes des Monarques de la Crète.

MINOS II. — Ce Prince eft célèbre chez les anciens, par les fuites fatales de fon mariage avec Pafiphaë. Son hiftoire fe lit avec tous fes détails dans Diodore (a), non à la fuite des annales de la Crète, comme l'ordre naturel des évènemens l'indiquait, mais entre des contes fur les premiers Rois de la Troade, & une épifode fur Ariftée.

Minos avait fait fon favori d'un exilé d'Athènes, nommé Dédale, qu'il eft important de faire connaître. Dédale était un artifte très-célèbre, pour fon fiècle, par fon talent pour la fculpture; la nature refpirait dans tous fes ouvrages, & on difait de fes ftatues, ce que Pierre de Cortone a dit du fameux cheval de Marc-Aurèle : *pourquoi ne marches - tu pas?* fon génie n'épura pas fon ame : il

______

(a) Lib. 4, cap. 31 & 32.

avait un neveu qui annonçait des talens supérieurs pour les méchaniques; car, à peine dans l'adolefcence, il avait imaginé la roue des potiers, la fcie & le tour; Dédale, dans un accès de jaloufie, l'affaffina; condamné au fupplice par l'Aréopage, il fe fauva dans l'ifle de Crète, & y devint le favori de Minos, comme on le devient de tous les Rois fans caractère, c'eft-à-dire, en adulant tout ce qui les entoure; il fit, fur tout, une cour fervile à Pafiphaë, qui régnait fous le nom de l'automate.

Pafiphaë était la Meffaline de la Crète; à force d'entendre parler des amours de Jupiter, & de fes abominables métamorphofes, fon imagination coupable s'était allumée, & elle aimait éperduement un taureau. Dédale fculpta pour elle une ftatue de géniffe fi reffemblante, que le taureau lui-même pût s'y tromper. Pafiphaë s'y enferma, jouit, & devint mère du Minotaure.

Quelque vraifemblance que donne la

vie oisive des cours aux derniers degrés
de la dépravation humaine, la physique
a toujours regardé comme impossible,
sinon le crime de Pasiphaë, du moins la
naissance du monstre qui en résulta ; aussi
des Ecrivains mieux instruits que Diodore, ont-ils donné une explication plus
naturelle à cette étrange histoire. Suivant
Servius (a), Pasiphaë devint amoureuse
d'un Secrétaire de son époux, qui s'appellait Tauros ; Dédale prêta sa maison
pour favoriser ces feux adultères, & la
Reine y accoucha de deux jumeaux, dont
l'un ressemblait à son mari, & l'autre à
son amant. Voilà l'origine de la fable du
monstre moitié homme & moitié taureau, que les Poètes appellèrent le Minotaure.

Les mêmes Romanciers qui ont supposé
qu'une femme pouvait être fécondée par
un taureau, ont ajouté que Dédale, pour

____

(a) *In Eneïd.* lib. **6.**

renfermer le fruit monstrueux de Pasiphaë, avait imaginé un labyrinthe, dont les routes inextricables égaraient tous ceux qui osaient s'y engager, & que quand le Minotaure fut grand, on lui donna des hommes à dévorer. Nous verrons le dénouement de ce conte absurde dans la vie de Thésée, à qui on attribue la mort du Minotaure.

Dédale, dans la vraie histoire des amours adultères de Pasiphaë, n'eut pas le tems de construire un labyrinthe ; épouvanté des menaces de Minos, qui attribuait à ses lâches complaisances l'opprobre dont sa femme l'avait couvert, il s'embarqua sur un vaisseau à voiles que lui donna sa protectrice, & cingla vers la Sicile. Icare, son fils, était avec lui ; en descendant dans une isle de la Méditerranée, où un orage l'avait obligé de relâcher, il tomba dans la mer, & se noya : un évènement si simple a encore été défiguré sous le pinceau brillant du Poète des métamorphoses.

A en croire la tradition populaire, qui nous a été tranfmife par Diodore, & qu'Ovide a brodée, Pafiphaë cacha quelque tems Dédale dans la Crète ; mais l'Artifte voyant que Minos avait mis fa tête à prix, n'imagina pas d'autre moyen pour fe dérober à fon reffentiment, que de fe conftruire des aîles avec des plumes d'oifeaux, de les attacher avec de la cire fur fon dos, & de traverfer, en volant, la mer de Crète. Icare, fon fils, qui l'accompagnait dans fa fuite, prit fon effor trop haut, s'approcha du foleil, qui fondit la cire à la naiffance de fes aîles, & tomba dans la Méditerranée. Pour le père, qui ne volait qu'à fleur d'eau, & qui mouillait fes aîles de tems en tems, il arriva, fain & fauf, dans la Sicile. Quelqu'abfurde que foit cette tradition, elle a prévalu. On ne fe repréfente plus les Icare & les Dédale, que comme des Méchaniciens, devenus oifeaux, pour franchir les murs de leur prifon. Cette idée prêtait, en effet, beaucoup plus que l'autre à la Poésie & à la Peinture ; & l'on fait que chez les Grecs, sur-tout, l'histoire a moins fait de renommées que les vers ou les tableaux.

Dès que Minos sut que Dédale était en Sicile, il équipa une flotte, & descendit à Agrigente. Le Prince qui régnait alors dans cette partie de l'isle, voulant tirer parti des talens de son transfuge, le déroba, par une perfidie, à la vengeance du Roi de Crète ; il invita le Monarque à prendre le bain dans son palais, & l'y fit étouffer par les vapeurs ; les soldats de Minos, persuadés qu'il s'était noyé par accident, ne vengèrent point sa mort. Ils se répandirent dans la Sicile, & y bâtirent une ville, à laquelle ils donnèrent le nom du malheureux époux de Pasiphaë.

Minos avait eu plusieurs enfans, avant l'arrivée de Dédale dans la Crète : Androgée était celui qui donnait les plus grandes espérances ; il vint à Athènes, sous le règne d'Egée, & vainquit, dans

les jeux, tous les Athlètes ; mais une intrigue de Cour, où il eut l'imprudence
d'entrer, cauſa ſa perte ; le Roi, qui le
craignait, le fit aſſaſſiner. Nous verrons,
dans l'hiſtoire de Théſée, les ſuites cruel-
les de cet attentat ; elles tiennent encore
plus aux annales d'Athènes, qu'à celles
de la Crète.

Ce Minos, le vil protecteur de Dédale,
& le faible époux de Paſiphaë, quoiqu'en
diſent les Plutarque & les Strabon, n'eut
qu'un vain rapport de nom avec le grand
homme qui fut le Légiſlateur de la Crète (*a*) ; & le contraſte de leurs caractères

---

(*a*) Cependant, comme les autorités reſpectables de Strabon & de Plutarque ont engagé
un grand nombre de Savans, a adopter leur
ſyſtéme ſur l'identité des deux Minos, il faut
mettre ici ſous les yeux, le tableau des diffé-
rences entre les deux Rois de la Crète, tel
qu'il a été tracé par un des hommes de ce ſiècle,
qui a conſacré le plus de veilles à l'étude de
l'antiquité.

suffirait pour empêcher de les confondre, quand même l'intervalle qui sépare leurs

›› Minos I était fils de Jupiter & d'Europe.
›› Suivant tous les Ecrivains anciens, Minos II
›› était fils de Lycaste & d'Ida, comme on l'ap-
›› prend de Diodore. L'un avait deux frères,
›› Rhadamante & Sarpedon, qui allèrent s'établir
›› dans la Lycie & dans l'Archipel. L'autre était
›› fils unique. Le premier n'eut, selon Diodore,
›› que deux enfans, Lycaste & Acacalide. Le
›› second, suivant Plutarque, fut père de Deu-
›› calion, d'Androgée, de Glaucus, de Molus,
›› de Phèdre & d'Ariane. La femme du premier
›› Minos s'appellait Ithone ; celle du second,
›› Pasiphaë. L'un fut un Prince pacifique, aimant
›› la justice, uniquement attaché à policer son
›› peuple, & à lui créer des loix. L'autre aima
›› la guerre, fit des conquêtes, & ses malheurs
›› ou son ambition troublèrent toujours le repos
›› de sa vie. Le premier demeurait à Gnosse,
›› selon Homère ; le second à Gortys, comme
›› l'insinue Virgile. Minos, suivant l'époque xi
›› des marbres de Paros, vivait du tems de
›› Pandion I. Minos II, suivant l'époque xix,
›› du tems d'Egée. Enfin, l'un mourut, & eut
›› son tombeau dans l'isle de Crète ; l'autre ter-

règnes ne serait pas fixé irrévocablement par la chronologie.

Deucalion. — Ce Prince était le fils aîné de Minos II. Il donna sa sœur Phèdre en mariage à Théfée, ce qui termina, pour un tems, les diffensions entre le Trône de la Crète & celui d'Athènes. Mais dans la suite ayant offensé son gendre, le héros paffa la mer, & vint le tuer dans sa capitale. On croit que Deucalion avait été un des Argonautes.

Cretès. — La tradition commune veut que ce Roi fût frère de Deucalion; un oracle (car l'hiftoire ancienne n'eft guères que celle des oracles) annonça qu'il périrait de la main de fon fils Althémène, & on exila ce dernier pour prévenir le parricide. Mais les décrets

---

» mina fes jours dans la Sicile «. Voyez une Differtation de l'Abbé Banier, *Hiftoire de l'Acad. des Belles-Lettres*, pet. édit. tome 2, pag. 73.

célestes ne changent point au gré des Rois, comme le dirent dans la suite les Prêtres qui avaient fabriqué l'oracle. Cretès, dans une course maritime, ayant abordé, de nuit, dans l'isle de Rhodes, les habitans, qui le prirent pour un corsaire, accoururent sur le rivage pour s'opposer à sa descente, & Althémène, qui était à leur tête, tua son père sur le champ de bataille.

IDOMENÉE. — Le Trône, après le parricide d'Althémène, tomba à Idomenée, fils de Deucalion. Ce Prince est un des héros de l'Iliade; il amena quatre-vingt vaisseaux au siége de Troye, & sa valeur lui donna une grande influence, dans les démêlés d'Achille avec les Atrides. Son retour dans ses Etats tint à cette fatalité cruelle qui accompagna presque tous les vainqueurs de Troye. Assailli sur mer d'une tempête violente, il fit le vœu sacrilége, si le calme renaissait, de sacrifier, à Neptune, la première personne qui se présenterait à ses regards, lorsqu'il aborderait dans ses Etats; l'orage cessa, en effet, & peu d'heures après, la flotte parut à la hauteur de l'isle de Crète; le premier objet qui se montre à Idoménée, est le jeune Mérion son fils, qui, transporté de joie de revoir son père, après une si longue absence, lui tend, du rivage, ses mains caressantes; ce spectacle est, pour son cœur sensible, un coup de poignard; mais le vœu fatal était prononcé; Idomenée, dont la piété avait fait un monstre, fit conduire, à l'autel, Mérion, & la religion dévora sa victime.

Une tradition moins odieuse, veut que l'affreux sacrifice ne s'accomplit pas. Les insulaires prirent Mérion sous leur défense, & le tirèrent des mains des Prêtres, pour le faire régner sur eux. Alors Idomenée, qui ne se crut pas en sûreté dans ses Etats, s'embarqua pour l'Italie, & y fonda la ville de Salente.

Pour épaissir encore davantage les nuages répandus sur cette partie de l'histoire de Crète, Diodore met, au rang des fables, le vœu d'Idomenée & son sacrifice. A le croire, Mérion était avec ce Prince devant Troye ; tous deux rentrèrent, sans essuyer de tempête, dans la Crète, vécurent dans la plus parfaite concorde, furent enterrés dans le même monument, & partagèrent les honneurs de l'apothéose.

La maison royale de Minos ne s'éteignit pas à la mort de Mérion ; sa postérité gouverna encore quelque tems la Crète ; mais l'histoire garde un silence absolu & sur le nom des Rois, & sur les évènemens de leurs règnes. Enfin, les Crétois, las d'obéir à des Souverains qui ne vivaient que pour le trône, détruisirent la Monarchie, & fondèrent, dans leur isle, des Républiques. Cette révolution mémorable n'a point été fixée par la chronologie.

SUITE

DU RETOUR DES GRECS.

HISTOIRE INCERTAINE

DE

L'ANCIENNE ARCADIE (a).

L'ARCADIE, pays hériffé de montagnes, eft au centre du Péloponèfe, & ne communique par aucun côté aux mers du Péloponèfe ; auffi fon peuple, pauvre, fans defirs, & prefque fans befoins, n'a-t-il jamais influé dans la balance politique de la Grèce ; quand il fallut le faire entrer dans la confédération contre Troye, Agamemnon fut obligé

______

(a) Paufanias, lib. 8, *vel Arcaa.*

de lui prêter des vaiſſeaux, pour tranſporter ſes ſoldats dans l'Aſie mineure. Mais de pareils alliés ne pouvaient contribuer en rien à la deſtruction de la Monarchie de Priam. L'Arcadien, circonſcrit dans les petits détails de la vie paſtorale, n'avait aucune idée de cet enthouſiaſme de la gloire, que donne la foif des conquêtes; il était plus fait pour être un perſonnage des Eglogues de Théocrite, qu'un des héros de l'Iliade.

Un peuple ſans arts, ſans commerce, & preſque ſans connaiſſances, a peu de droits aux regards de l'obſervateur. Auſſi n'a-t-il point d'annales primitives; & ſi un voyageur, qui vivait ſous les Antonins, n'avait pas conſulté ſa tradition orale, le ſilence le plus abſolu régnerait dans ſon hiſtoire.

Ce n'eſt pas que les Arcadiens n'euſſent autant de vanité nationale, que les peuples du Péloponèſe qui avaient le plus contribué à la formation du beau ſiècle de Périclès; fiers d'habiter le centre du continent de la Grèce, ils se croyaient les premiers hommes du globe. A les entendre, le Soleil pouvait avoir précédé leur Monarchie, mais du moins ils étaient antérieurs à la Lune. On peut juger quelle autorité peut avoir en histoire, une nation qui a vu naître des planètes.

PELASGE fut, dit-on à Pausanias, le premier Roi d'Arcadie. Cet homme de mer (car telle est l'étymologie la plus naturelle de son nom) vint apprendre aux Sauvages qui végétaient dans cette contrée, à se construire des cabanes, à se vêtir de peaux de sangliers, & à se nourrir de gland. On peut fixer, avec précision, l'époque de cet évènement, qui a dû se passer entre les déluges d'Ogygès & de Deucalion.

LYCAON, fils de Pelasge, introduisit, chez les Arcadiens à demi civilisés, le culte de Jupiter; mais c'était une religion de sang qu'il donnait à ses sujets; car la première victime qu'il offrit au nouveau Dieu tutelaire de l'Arcadie, fut un enfant. Jupiter ne vit qu'avec horreur un tel sacrifice ; & pendant que le Monarque féroce cherchait, avec son couteau sacré, le cœur de sa victime, il le changea en loup ; *ce qui n'est pas incroyable , dit* Pausanias , *car une telle métamorphose ne blesse en rien la vraisemblance* (a).

Ce Roi, changé en loup, au gré d'un voyageur, qui n'a ni la crédulité de notre Paul Lucas, ni son ignorance , étonne un lecteur philosophe. Pausanias , qui se doutait que les siècles ajouteraient peu de foi à son récit, donne la torture à son imagination pour le justifier : voici ce texte étrange , qui donne bien plus à penser, que de vaines conjectures sur quelques statues couronnées de l'Arcadie.

» Les premiers hommes étaient souvent » les hôtes & les commensaux des Dieux ; » telle était la récompense de leur piété. » L'homme de bien était honoré de la

____

(a) Lib. 8 , cap. ».

» visite des immortels, & le méchant,
» au moment de son crime, éprouvait
» leur courroux. De-là vient l'apothéose
» d'un petit nombre de héros tels qu'A-
» ristée, l'Hercule fils d'Alcmène, &
» Amphiaraüs. Par la raison contraire,
» on peut bien croire que Lycaon prit la
» figure d'un loup, & que Niobé, fille
» de Tantale, fut changée en rocher.
» Mais dans ce siècle d'airain, où la race
» humaine est entièrement dépravée, la
» justice des Dieux ne s'annonce plus par
» les mêmes signes ; ils n'adoptent plus
» de héros dans l'Olympe, & notre adu-
» lation seule conduit les hommes puis-
» sans à l'apothéose. Quant aux scélérats,
» c'est après leur mort, que la vengeance
» tardive, mais sûre du ciel, remet à leur
» faire subir leur supplice «.

Il est évident qu'en supposant un tems
où les Dieux étaient assis à table avec les
hommes, on peut croire qu'ils récompen-
saient les uns en leur faisant part de leur
ambroisie, & qu'ils punissaient les autres,

en les convertissant en bêtes féroces ou en rochers.

NYCTIME. — Ce Souverain succéda à Lycaon son père, qu'on déclara, sans doute, incapable de régner, du moment qu'il fut devenu loup. Il avait un grand nombre de frères, qui, pour ne lui donner aucun ombrage, s'amusèrent à bâtir des villes dans le Péloponèse. Tegée, Pallante, Mantinée & Orchomène, sont les principales. Il y eut même un de ces Princes, appellé Œnotrus, qui fit voile en Italie, donna son nom à une de ses provinces, & y fonda une petite Monarchie. Tous ces faits sont plus vraisemblables que la métamorphose de Lycaon.

Nyctime avait aussi une sœur nommée Calisto, dont la Mythologie Grecque s'est emparée. Les avantures de cette Princesse sont encore plus incroyables, que le supplice de Lycaon. Jupiter, dit-on, descendit sur la terre, non pour s'asseoir à sa table, mais pour la séduire. Junon le sut, & changea sa rivale en ourfe. L'infortunée Califto erra long-tems dans les bois, fous cette forme hideufe, & périt enfin par les flèches de Diane. Jupiter, tout Souverain qu'il était, ne put prévenir les fuites fatales de la jaloufie de fon époufe; mais pour confoler Califto, il en fit une conftellation, connue fous le nom de la grande Ourfe. Voyez Ovide & les livres des Aftronomes.

ARCAS. — Califto était enceinte de Jupiter, quand elle devint ourfe. Mercure, à la mort de la mère, fauva l'enfant. Ce fruit des amours du père des Dieux eft Arcas, qui fuccéda à Dyctime, & qui donna fon nom à l'Arcadie.

Comme Arcas était très-jeune quand fon prédécefleur mourut, il eft probable que le Gouvernement, pendant fa minorité, fut confié à Ariftée (a). L'Ar-

---

(a) Du moins tel eft le fondement d'un texte de Juftin, qui dit, fur la foi de Trogue Pompée, lib. I, cap. 13, qu'il y eut, dans l'Arcadie, un Roi, nommé Ariftée, qui apprit à fes peuples l'ufage du miel & du fromage.

cadie ne dégénéra pas pendant cette ré-
gence ; car les peuples apprirent à femer
du bled, & à faire fervir à leurs vêtemens
les toifons de leurs troupeaux. Arcas
devenu grand, pour ne point s'abâtardir,
époufa une Nayade, & en eut trois fils,
entre lefquels il partagea fon petit pays
de montagnes.

L'Arcadie, à cette époque, n'a qu'une
hiftoire mutilée, à caufe des démem-
bremens de la Monarchie. AZAN, le
fils aîné d'Arcas, & CLITOR, enfant
d'Azan, ne font que paffer. A la mort
du dernier, fon trône eft tranfmis à
EPYTUS I, un de fes neveux, qui, ayant
marché, par mégarde, fur un ferpent,
périt de la mort d'Eurydice. ALEUS,
fucceffeur de ce Prince, eut le malheur
d'être contemporain de l'Hercule de
Thèbes. Le héros s'étant rencontré dans
Tegée, capitale alors de l'Arcadie, vit
Augée, fille d'Aleus, la féduifit & la
rendit mère. Le Roi, quoiqu'iffu d'un
bâtard, n'en voulait point dans fa fa-

mille; il fit, dit-on, le procès à sa fille, l'enferma dans un coffre avec son enfant, & ordonna de jetter le tout à la mer. Les flots, ajoutent les Poètes Historiens de l'Arcadie, respectèrent le dépôt qui leur était confié, & le coffre étant arrivé à l'embouchure du Caïque, Teuthras, qui régnait dans cette contrée, l'ouvrit, & épousa la maitresse d'Hercule. Il était défendu de douter de toutes ces merveilles, quand on était né sur les bords du Caïque ou dans les montagnes de l'Arcadie.

Lycurgue, frère de l'infortuné Augée, remplaça son père sur le trône de Lycaon; il eut un fils qui accompagna Jason dans l'expédition de la Colchide, & fut tué à côté de Meleagre, en combattant le fameux sanglier de Calydon. Echeme était d'une autre branche de la maison royale. Une tradition peu authentique veut que ce soit lui qui tua Hyllus dans un combat singulier, lorsque ce fils d'Hercule vint, à la tête d'une armée formidable, réclamer ſes droits ſur une partie du Péloponèſe.

Pauſanias place ici AGAPENOR, petit-fils de Lycurgue, qui commanda les troupes Arcadiennes au ſiége de Troye. Après le déſaſtre de cette ville, ce Prince fut jetté, avec ſa flotte, ſur les côtes de Chypre. Il s'arrêta à Paphos, & y bâtit un temple à Vénus.

L'Arcadie, ne voyant point revenir ſon Roi, regarda le trône comme vacant, & y laiſſa placer un HIPPOTOÜS, qui n'eſt connu que pour avoir transféré le ſiége de ſa Monarchie de Tegée à Trapezunte. EPYTUS II, ſon fils, eut, dit-on, la témérité d'entrer dans un temple de Neptune, dont le ſexe ſeul avait le privilége de célébrer les myſtères, & il ſortit aveugle, du ſanctuaire qu'il avait profané. Ce Prince mourut très-peu de tems après, ce qui empêcha les hommes raiſonnables de l'Arcadie de vérifier la fable ſacerdotale de ſon ſupplice.

CYPSÉLUS. — Ce Monarque était fils

du Roi aveuglé dans le temple de Neptune. C'eſt ſous ſon règne que les Héraclides envahirent le Péloponèſe ; incapable de lutter contr'eux, il détourna prudemment l'orage qui menaçait ſes Etats, en donnant ſa fille en mariage à Creſphonte, fils d'un des conquérans. A cette époque, la Grèce entière avait les yeux ſur la grande révolution opérée par les Héraclides ; auſſi ne nous a-t-on tranſmis que les noms ſtériles de cinq Rois qui gouvernèrent l'Arcadie après Cypſélus. Ce ſont LAÏAS, BUCOLION, SIMUS, POMPUS & EGINETE ; tout ce qu'on ſait d'eux, c'eſt qu'à la mort de chacun, le trône fut héréditaire.

POLYMESTOR ſe meſura avec Lacédémone, qui avait voulu dominer dans l'Arcadie, gagna une grande bataille contre elle, fit ſon Roi priſonnier, & maintint par-là l'indépendance de ſa Couronne. ECHMIS, ſon neveu, ne fit que paſſer. ARISTOCRATE I a laiſſé un nom bien odieux. Ce Prince ayant vu une jeune Prêtresse de Diane célébrer un sacrifice, en devint épris, & n'ayant pu la séduire, la viola aux pieds de l'autel. Les Arcadiens apprenant ce sacrilége, enveloppèrent leur tyran, & le lapidèrent. Hicetas regarda la mort de son père comme juste, & n'eut pas l'orgueil de le venger. Aristocrate II portait un nom sinistre qu'il ne songea point à épurer. Il avait fait une ligue offensive & défensive avec les Messéniens, pour empêcher les invasions de Lacédémone; mais l'or de cette dernière le corrompit, & il trama une perfidie, qui fit périr des milliers de Messéniens sur le champ de bataille. Un tel attentat, bien plus odieux que le viol d'une Prêtresse, ne fut puni que du même genre de supplice. Les Arcadiens transportèrent le corps de ce despote hors de leur territoire, & l'y laissèrent sans sépulture : en même-tems ils érigèrent, pour l'instruction des Rois, une colonne, avec cette inscription : *Le lâche trahit ses alliés, & son peuple l'en punit.* La mort du fecond Ariftocrate amena la diffolution de la Monarchie.

La bataille que Lacédémone gagna fur Mefsène, par la perfidie d'Ariftocrate, ainfi que le fupplice du Roi d'Arcadie & la deftruction de fon Trône, arrivèrent la dernière de la vingt-quatrième Olympiade, qui reprend à la neufcentième de l'Ere de Paros, & à la quinze-cents quarante-huitième de celle de Callifthène.

Cette Mefsène, dont la guerre avec Lacédémone fut le prétexte du renverfement du trône d'Arcadie, eut auffi une Monarchie avant l'invafion des Héraclides ; mais la ftérilité de fes annales & le peu d'influence qu'elle eut dans les affaires publiques de la Grèce, jufqu'à ce que le Gouvernement républicain y eût créé des hommes, nous empêche de lui confacrer un chapitre particulier de cette Hiftoire.

La MESSENIE (*a*) fut civilifée par

______

(*a*) *Paufanias*, lib. 4.

Lelex, le premier Légiſlateur connu de Lacédémone. Polycaon, ſon ſecond fils, épouſa Meſsène, Princeſſe du ſang royal d'Argos, & donna ſon nom à la contrée dont il avait fait ſon appanage. Andanie était alors ſa capitale.

La poſtérité de Polycaon s'éteignit à la cinquième génération; alors les Meſſéniens déférèrent la couronne à un petit-fils de Deucalion, nommé Perieres, qui la tranſmit obſcurément à ſes deux fils, Apharée & Leucippe. C'eſt ſous le règne d'Apharée, que Nelée vint dans la Meſſenie, & obtint, le long des côtes maritimes, un petit Etat indépendant, dont Pylos était la métropole.

Leucippe vit ſes deux filles enlevées par Caſtor & Pollux, qui cependant, contre l'ordinaire des brigands, les épouſèrent après les avoir déshonorées. Ce Monarque ſurvécut à-la-fois à ſes fils & à ſes gendres, & ſa couronne paſſa à Neſtor, fils de Nelée, qui, d'ailleurs, tenait par le ſang à la maiſon royale de Meſsène.

Nestor, un des héros de l'Iliade, vint, après la prise de Troye, mourir à Pylos, & sa postérité fut détrônée par les Héraclides.

Lorsque les descendans d'Hercule se partagèrent le Péloponèse, dont ils avaient fait la conquête, Cresphonte eut la Messenie en partage, & fit sa résidence à Stenyclare. Son despotisme irrita les chefs de la nation, qui conspirèrent contre lui, & le firent périr avec toute sa famille. Un seul de ses enfans échappa au désastre de sa maison, & se sauva en Arcadie.

Epytus (c'est le nom de ce fils de Cresphonte) recouvra, dans la suite, le trône de ses pères, & se conduisit avec tant de sagesse, qu'il donna son nom à sa dynastie.

La succession héréditaire se conserva encore long-tems au trône de la Messenie. Glaucus, Isthmius, Sybotas & Phintas l'occupèrent tour-à-tour, mais avec si peu d'éclat, que la jalousie des Spartiates, leurs voifins, n'en fut point éveillée. C'eft fous Antiochus & Androcles , tous deux fils de Phintas, qu'arriva la première guerre de Meſsène ; évènement mémorable qui lie les annales de cette Monarchie, avec celles de toutes les Républiques du Péloponèſe.

SUITE

DU RETOUR DES GRECS.

HISTOIRE

DE

L'ANCIENNE THESSALIE.

C'EST dans la Theſſalie que ſe trouvait la métropole de la petite Souveraineté d'Achille, le héros de l'Iliade.

Cette grande région, que trois chaînes de montagnes environnaient preſque circulairement, comme pour lui ſervir de barrière contre les conquérans, était partagée entre ſix peuples dominateurs, les Eſtiotes, les Pélaſges, les Phthiotes, les Perhœbes, les Dolopes & ceux qui donnèrent leur nom à la Theſſalie. Cette multiplicité d'Etats, tous obſcurs, jointe à l'incertitude des règnes, jette la plus grande obscurité sur les annales primitives de cette contrée, qui ne mérite, au reste, une histoire suivie que pour les maisons de Jason & d'Achille.

La Thessalie n'était, originairement, suivant la tradition nationale, qu'un lac immense, inaccessible à la culture. L'Hercule Oriental vint creuser un défilé entre les montagnes, pour l'écoulement du fleuve Pénée, & créa ainsi le jardin du Péloponèse.

Long-tems après, les Pélasges (*a*), trouvant cette terre vierge, quittèrent, pour la cultiver, les plaines du Péloponèse. Ils avaient à leur tête Deucalion, si célèbre par son déluge.

Nous avons parlé fort au long au commencement de l'Histoire de la Grèce, de cette inondation terrible des vallées de la Thessalie, que l'ignorance des

______

(*a*) Dyon. Halic. *Antiq. Roman.* lib. 1.

tems appella un déluge (*a*). Deucalion (car les Rois ne partagent presque jamais les défastres de leurs peuples) se sauva sur la plus haute montagne de ses Etats, & quand les eaux furent retirées, il se rendit à Athènes. Telle est la simple exposition du fait, qui nous a été transmise par la chronique de Paros ; ce qu'on y a ajouté depuis, est l'ouvrage des Poètes, qui, en général, aiment mieux consulter leur imagination riante, que de déchiffrer de vieilles chroniques. Nous ne croyons plus avec Pindare, que Jupiter, pour repeupler la terre, changea les rochers en hommes. Nous ajoutons encore moins de foi au conte d'Ovide, qui suppose que le Roi de Thessalie & son épouse s'étant avisés, sur la foi d'un oracle, de jetter des pierres derrière eux, celles de Deucalion firent des hommes, & celles de Pyrha des femmes. Un peuple

-----

(*a*) Voyez le premier volume, pag. 311.

tout entier, iſſu des cailloux du mont Par-
naſſe, ne doit être en ſcène qu'avec les
Sphinx & les Harpyes des Métamotphoſes.

Ce qu'il y a de plus avéré dans l'hiſtoire de Deucalion, c'eſt qu'il commença à civiliſer les Theſſaliens, la hui-
tième année de l'Ere de Paros, & qu'après
le déſaſtre de ſon pays, il ſe rendit à
Athènes, la cinquante-troiſième année de
la même Chronique, qui répond à la
ſept cent unième de celle de Calliſ-
thène (a).

La Theſſalie, dévaſtée par l'inondation,
dut être un grand nombre de générations
ſans être repeuplée. Cependant, ſept à
huit ans après, on voit les deux fils de
Deucalion, Amphyction & Hellen régner, le dernier chez les Phthiotes, &
l'autre aux Thermopyles : toutes ces
landes de l'hiſtoire primitive de la Theſſalie, ne méritent pas d'être défrichées.

____

(a) Voyez *Chronic. Marmor. inſula Paros,*
art. 2 & 4.

On ne connaît ni les ancêtres ni la
postérité d'un Hypsée, Roi de Thessalie,
dont un brigand, qui prit le nom de
Jupiter, enleva la fille, nommée Cyrène,
& qu'il confia à un bègue, appellé Battus,
qui, après avoir bâti une ville du nom
de sa pupille, recouvra le libre usage de
la parole, ainsi que l'avaient annoncé les
Oracles (a). Des histoires aussi suspectes
ne méritent d'être rapportées ici, que pour
la connaissance des statues des Anciens,
& l'intelligence de leurs médailles.

L'histoire de la Thessalie ne commence
à avoir quelqu'autorité, que vers le tems
de l'expédition des Argonautes Grecs.
Alors régnait dans cette contrée Eson,
petit-fils d'Eole; Pélias, son frère, lui
ravit le pouvoir suprême, & n'osant le
faire mourir, (la politique des despotes
de l'Orient était encore étrangère à la
Grèce) il le força à vivre en simple parti-

(a) *Justin*, lib. 7, cap. 13.

culier dans Iolchos, sa capitale. Peu de tems après, le Roi détrôné eut un fils d'Alcimède, que d'autres nomment Amphinome. C'est le fameux Jason. Pélias consulta l'Oracle, qui, flattant son ambition cruelle, lui conseilla de se garder d'un descendant d'Eole. Le tyran prit dès-lors des mesures pour le faire périr. Heureusement Eson fut instruit de la lâche complaisance des Pythies, & prévoyant le sort qui attendait son fils, il fit courir le bruit de sa mort; tandis qu'on portait en pompe l'urne vuide qui était censée renfermer sa cendre, Alcimède le porta elle-même sur le mont Pélion, & le confia au Centaure Chiron, un des sages de son siècle. Là, le héros se forma en silence dans tous les exercices de la gymnastique. Parvenu à l'âge de vingt ans, il se rend à Iolchos, annonce au peuple qu'il est le fils d'Eson, & demande avec hauteur à Pélias qu'il lui rende sa couronne.

L'usurpateur, qui n'avait pas l'énergie

de caractère des grands fcélérats, n'ofa pas frapper à l'inftant fa victime ; il tergiverfa. Preffé, cependant, par le héros, de donner une réponfe décifive, il déclara qu'il était prêt de defcendre du trône, mais il mit, pour condition, que Jafon irait venger la mort de Phryxus, un des Princès de fa maifon, qu'on avait maffacré dans la Colchide. L'artificieux tyran ne doutait pas que fon neveu ne pérît dans une fi dangereufe entreprife. Telle eft l'origine de la fameufe expédition des Argonautes (*a*).

Nous avons déja parlé, dans le plus grand détail, de cette expédition, que la vanité Grecque a ofé confondre avec les voyages autour du monde, exécutés par

---

(*a*) Ce récit eft tiré de Pindare, *Pythic* 4. Diodore fait entendre que le projet de la defcente en Colchide, vint originairement de Jafon lui-même, jaloux de faire parler de lui par une entreprife qui pût tranfmettre fon nom aux fiècles. Voyez lib. 4, cap. XI.

les Navigateurs du monde primitif. Nous y avons tracé le portrait du héros qui en fut le chef, héros qui, n'ayant eu de célébrité que par les femmes, ne méritait pas d'être mis en parallèle avec les Perſée & les Hercule. Lorſqu'il revint à Iolchos, on lui apprit les déſaſtres de ſa maiſon. Pélias avait empoiſonné ſon père, égorgé Promachus, ſon frère, & forcé Alcimède, à qui il devait le jour, à ſe percer de ſon épée aux pieds des autels, qui n'avaient pu lui ſervir d'aſyle contre les fureurs du tyran. Jaſon jure alors de punir tant d'attentats; mais, comme nous l'avons déja dit ailleurs, il était difficile à ce Prince, qui n'avait que cinquante-trois guerriers à ſes ordres, d'attaquer dans ſa capitale, un Roi défiant & ombrageux, qui ne marchait qu'au milieu d'une foule de gardes. Médée, qu'il venait d'enlever dans ſon expédition de la Colchide, fit diſparaître le péril de la vengeance; elle ſubſtitua à la force un grand nombre d'artifices; elle blanchit

ſes cheveux avec une compoſition particulière, & rida ſon viſage pour lui im-
primer le caractère de la vieilleſſe; enſuite
elle entra dans la ville, à la pointe du
jour, portant avec elle une ſtatue de
Diane. A peine parut-elle dans la première place publique, que ſaiſie tout-à-
coup d'enthouſiaſme, elle annonça aux
habitans que la divinité qu'elle leur
montrait, venait exprès des contrées
Hyperboréennes, pour leur faire connaître
ſon pouvoir tutélaire. Le peuple, qui ſe
laiſſe mener par l'enthouſiaſme & les
ſpectacles, tomba aux genoux de la
ſtatue & de ſa Prêtreſſe. L'épidémie
religieuſe gagna bientôt le palais, &
Médée annonça au Roi qu'elle venait le
rajeunir : pour lui donner une haute idée
de ſon pouvoir en ce genre, elle ſe
retira un inſtant dans un cabinet, fit
diſparaître les rides de ſon viſage, rendit
à ſes cheveux leur couleur naturelle, &
parut, aux yeux de la Cour, avec toute
la fraîcheur de la jeuneſſe & l'éclat de

la beauté. Ce preſtige acheva de convaincre le vieux tyran, & il ordonna à ſes filles d'obéir en tout à la magicienne; ce fut alors que Médée ordonna aux Princeſſes d'égorger leur père. Quand l'attentat fut exécuté, elle monta ſur la terraſſe du palais, ſous prétexte d'invoquer la Lune, & donna un ſignal aux Argonautes, pour leur annoncer la mort de Pélias. Ils franchirent auſſi-tôt les murs du palais, dérobèrent Médée à la vengeance du peuple, & donnèrent un nouveau Roi à la Theſſalie.

Ce Roi fut ACASTE, fils de Pélias; ſoit que Jaſon, affectant de la grandeur d'ame, ne voulût pas punir le fils des attentats du père, ſoit plutôt qu'il craignît d'irriter les Theſſaliens, attachés au ſang de leur Monarque. Il eſt certain qu'Acaſte avait un parti puiſſant dans Iolchos; il y a même des Hiſtoriens qui prétendent qu'il en bannit Médée & Jaſon; quoiqu'il en ſoit, le héros des Argonautes ne ſuccéda pas à Pélias, & ſon hiſtoire ne ſe trouve plus liée qu'avec les annales de Corynthe.

C'eſt ici que la maiſon d'Achille commence à jouer un rôle dans la Grèce, & nous devons au génie d'Homère, qui l'a chantée, de la faire connaître.

La famille des Æacides, dont Achille était iſſu, paſſait pour originaire d'une iſle d'Egine, ſituée dans le golphe Saronique, vis-à-vis d'Epidaure. Egine habita la première cette iſle, à laquelle elle donna ſon nom ; cette Princeſſe fut la mère d'Æaque, qui, grace à l'ignorance où l'on était du nom de ſon père, paſſa pour fils de Jupiter.

Æaque fut d'abord un Roi ſans ſujets ; mais la fable ne tarda pas à lui en créer (*a*). Il y avait un grand nombre de fourmis dans ſon iſle ; un jour Jupiter, pour plaire à ſon fils, d'un coup de baguette, les changea en hommes. Il faut mettre les fourmis d'Egine avec les rochers de Deucalion.

____

(*a*) *Apollod.* lib. 3.

Des savans, cependant, ont expliqué ce prodige avec les conjectures de l'étymologie ; ils ont dit que le mot Grec *murmex* désigne à-la-fois une fourmi & les Myrmidons, sujets d'Achille. Ce serait alors une froide pointe, qui aurait fait naître l'idée du prodige de Jupiter.

Æaque eut deux enfans d'Endéïs, fille du Centaure Chiron ; c'est Pélée & Télamon. Une Néréïde qu'il viola, dit-on, auprès d'une fontaine, ajouta aussi à sa famille un enfant illégitime ; mais ce dernier fut tué par ses frères dans une espèce de lutte, ce qui obligea le Roi d'Egine, qui devait un grand exemple à ses peuples, de bannir les meurtriers. Pélée se retira à Phthie, & Télamon dans l'isle de Salamine.

Pélée, accueilli, malgré son crime, par Eurytion, fils d'Actor, qui régnait chez les Phthiotes, épousa Antigone, sa fille, qui lui apporta en dot le tiers de sa petite souveraineté. Sur ces entrefaites, tous les guerriers du Péloponèse furent invités à la chasse du fameux sanglier de Calydon ; Pélée s'y rendit avec son beau-père, & au lieu de tuer le monstre, il n'égorgea que le Roi des Phthiotes ; ce meurtre était involontaire, & il fallut l'expier ; il se rendit à cet effet à la Cour d'Acaste, Roi d'Iolchos ; mais la fatalité semblait le poursuivre, comme le sang d'Œdipe, & malgré son expiation, il ne fut que trop puni de son parricide.

Astydamie, femme d'Acaste, apprit d'abord avec l'intérêt de la pitié les malheurs de Pélée ; peu-à-peu, un intérêt plus tendre parla dans son cœur ; elle s'ouvrit à l'Æacide, qui ne voulant pas violer les loix sacrées de l'hospitalité, refusa de partager ses feux adultères. Astydamie fut outrée de se voir dédaignée ; elle n'avait point le talent de forcer un homme indifférent à l'aimer, elle en eut assez pour le perdre ; elle commença par faire insinuer à Antigone, que son époux allait contracter un nouveau mariage dans Iolchos, & par cette manœuvre odieuse

elle la conduisit à se donner la mort.
Cependant, le crime d'Astydamie ne faisait que la rendre plus odieuse à Pélée.
La furie qui était attachée à ses pas, cou-
ronna son crime, en l'accusant lui-même,
auprès de son époux, d'avoir tenté de lui
faire violence; le Roi d'Iolchos la crut,
fit saisir Pélée, & sans entendre ses dé-
fenses, ordonna qu'on l'exposât, sans
armes, dans un désert qui ne semblait
accessible qu'aux bêtes féroces. Heureusement, le Centaure Chiron lui fit recou-
vrer ses armes, & l'infortuné, échappé à
ce danger, alla dans l'isle de Scyros épouser Thétis, sœur du Roi Lycomède, dont
il eut Achille, le héros de l'Iliade.

Dès que Pélée se trouva assez fort pour
punir le crime d'Astydamie, & venger
ses injures, il parut dans la Thessalie, à
la tête d'une armée. Iolchos, qui ne s'attendait pas à cette invasion, ne fit qu'une
faible résistance. L'Æacide s'empara de
cette ville, tua Acaste, & envoya Astydamie au supplice. Il est probable que ce

petit Etat fut alors réuni à celui de Phthie.
Cependant, on ne voit pas que les peuples d'Iolchos aient combattu sous les ordres d'Achille, au siége de Troye.

ACHILLE. — La Mythologie Grecque, qui s'est emparée de toutes les grandes réputations de l'antiquité, s'est exercée, comme on s'en doute bien, sur Achille. On a commencé par le faire fils d'une immortelle. Thétis, que l'Histoire croyait la simple sœur d'un petit Roi de Scyros, est devenue, sous le pinceau magique d'Homère, une Divinité des mers, dont Jupiter lui-même fut amoureux. Malheureusement le destin avait prononcé que le fils de Thétis serait plus grand que son père ; le Souverain des Dieux, qui avait encore plus d'ambition que d'amour, ne voulut pas s'exposer à n'être un jour que le second dans l'Olympe, il cessa de la voir, & Pélée en profita pour devenir son époux.

Achille, au sortir du berceau, fut confié au centaure Chiron, qui le fit

paſſer ſucceſſivement par tous les exercices de la plus pénible gymnaſtique ; il
l'expoſa à lutter, corps à corps, avec les
ſangliers, il le nourrit avec la moëlle
des tigres & des lions, & pour en faire
un héros, il en fit un athlète.

L'époque de la confédération Grecque
contre la Monarchie de Priam, arriva.
Thétis, qui n'avait que ce fils, & qui
avait appris de l'oracle qu'il périrait ſous
les murs de Troye, chercha à faire mentir
les Dieux, qui ſe jouaient de ſa tendreſſe maternelle. Elle donna à Achille
la robe d'un ſexe qu'il n'avait pas, &
l'envoya, ſous le nom de Pyrha, à la
Cour de Lycomède, qui en fit une des
compagnes de ſa fille Déïdamie.

Achille entrait alors dans cet âge généreux où, grace à l'efferveſcence du
ſang, un monde nouveau ſe développe.
L'habitude de vivre avec une beauté in-
génue, ſans ſoupçon comme ſans expérience, la voix impérieuſe de la nature,
qui ſe fait entendre avec d'autant plus

d'énergie, qu'on fait plus d'effort pour la combattre, tout conspira à la défaite de Déïdamie; elle ne tarda pas à s'appercevoir que sa compagne était un amant déguisé; mais elle ne s'en plaignit pas; son cœur était, depuis long-tems, d'intelligence avec celui qui l'avait séduite. Le fruit de ce commerce clandestin, fut la naissance de Pyrhus.

Avant que le scandale des amours de Déïdamie éclatât dans Scyros, les Grecs avaient pris des mesures pour découvrir la retraite d'Achille. Ulysse vint, en leur nom, trouver Lycomède, & soupçonnant le déguisement du fils de Pélée, il étala, en présence de toute la Cour, les présens qu'il était chargé de présenter à Déïdamie. Parmi différens bijoux destinés à la parure des femmes, l'artificieux Roi d'Ithaque avait glissé une lance & un bouclier. Tandis que ce spectacle fixait les regards de tout le monde, tout-à-coup on entend un bruit de guerre, & des cris se font entendre, comme si l'ennemi était aux portes du palais. A l'inftant la fauffe Pyrha s'élance fur les armes, & ce mouvement trahit fon fexe. *Je connais Achille*, dit Ulyffe, & le héros confondu promet de le fuivre en Aulide.

Nous avons vu, dans l'hiftoire du fiége de Troye, tout ce qu'Achille y fit de mémorable, les fuites terribles qu'eut fa longue querelle avec les Atrides, la vengeance qu'il tira de la mort de Patrocle, & fon affaffinat par Pâris au moment où il allait époufer Polyxène. Les troupes que ce héros avait amenées devant Troye, fe difpersèrent après le défaftre de cette ville : Pyrhus, fon fils, alla fonder un Royaume en Epire, & de ce moment, il n'y eut plus de trône en Theffalie. La gloire de cette Province fembla être renfermée toute entière dans le tombeau d'Achille.

DU MONT OLYMPE,

ET DE SES AURORES

BORÉALES.

LA Theſſalie renfermait dans ſon ſein vingt - quatre montagnes, dont la plus célèbre eſt l'Olympe, qui paſſait, dans l'antiquité, pour le ſéjour des immortels.

Cette fable biſarre, que l'Ordonnateur des mondes habitait la pointe d'un rocher de la Theſſalie, n'aurait pas été adoptée par les fabricateurs des anciennes Théogonies, ſi elle n'avait pas une ſorte de noyau hiſtorique. Athènes ſur - tout, le centre de la philoſophie & des arts, ſi la poſition du ciel avait dépendu de l'imagination de ſes Poètes, n'aurait pas manqué de le placer autour de ſes remparts, plutôt que ſur les confins de la Theſſalie & de cette Macédoine, qu'elle

ne ceſſa d'appeller barbare , que lorſqu'elle eut ſubi le joug d'Alexandre.

Cette obſervation ſi naturelle piqua de
téms en tems la curioſité des Savans ſur
l'origine de la fable de l'Olympe ; on
lut Homère, le père de toutes les fables
hiſtoriques , & chacun , comme on s'y
attend bien , y lut ſon ſyſtême.

. Un Savant du ſiècle de Louis XIV ,
grand ami de Boileau, trouva en particulier dans le Chantre d'Achille, un fait
fort étrange ; c'eſt que l'*Olympe était une
montagne , qui avait le ciel même pour
baſe , & dont le ſommet , tourné du côté
de la terre , n'atteignait qu'à la région des
nuages* (a).

(a) Ce ſyſtême abſurde eſt de Boivin le cadet ,
& ſe trouve à la page 653 du tome VII des
Mémoires de ſon Académie. L'Auteur y dit en
propres termes : » J'ai trouvé, après avoir exa-
» miné ce ſyſtême , que ce n'était point une
» pure chimère , mais une ſuppoſition fondée
» non - ſeulement ſur des raiſonnemens poéti-

Et il ne faut pas regarder le Mémoire
de ce Savant, comme un jeu de l'imagination de fon Auteur (car les Savans imaginent comme les Poètes, mais avec
moins de gaîté); il n'y a rien de plus
férieux que la marche de fon ouvrage;
le Differtateur fe donne beaucoup de
peine pour prouver que fi les habitans
de cet Olympe aërien ont la tête en-bas,
cela ne répugne en rien aux loix de la
Phyfique; il ne voit pas plus de difficulté
à attacher la montagne d'Homère à la
voûte du firmament, que la maffe des pen-
dentifs à la voûte des temples. Et pour
donner une idée plus précife de la manière dont tout cela s'exécute, il a fait
repréfenter, dans une gravure, fon Olympe
renverfé, avec la fameufe chaîne d'or

" ques, où l'on ne demande pas une fi grande
" jufteffe, mais même fur quelques principes
" cofmographiques, dont tout le monde con-
" vient ".

dont fe fert le Jupiter de l'Iliade pour attirer à lui les dieux & les hommes.

On commençait à abandonner le problême du mont Olympe, quand un difciple de Fontenelle, combinant Homère avec la Phyfique, eft venu prouver, dans un écrit très - ingénieux, que toute la gloire des Dieux raffemblés fur l'Olympe, n'était autre chofe que le phénomène des aurores boréales.

Ce difciple de Fontenelle eft Mairan, l'inventeur du feu central, homme d'une imagination brillante, mais très-amoureux de la fumée de la gloire, & qui, jaloux de raffembler fur fa tête toutes les couronnes littéraires, eft prefque mort de chagrin de n'avoir pas été de nos trois Académies.

Mairan raifonnait ainfi fur l'Olympe (*a*); & s'il eft difficile de fe rendre

---

(*a*) Il a eu la modeftie de ne donner à fon fyftême, que le nom de conjectures : cet opufcule fe trouve à la fuite de fes *Lettres au Jéfuite Parennin*, édit. in-8°. de 1770, pag. 183.

à son opinion, il l'est encore bien plus de la contredire.

Les aurores boréales, en raison des diverses régions du globe où elles se montraient, ont toujours eu des caractères différens, aux yeux des peuples qui contemplaient ce phénomène.

Aux terres Arctiques & Circompolaires, l'aurore boréale n'est qu'un ciel irrégulièrement tapissé de bandes ou de flocons de matière lumineuse blanche ou colorée. Comme ce phénomène y est presque journalier, les peuples y ont fait assez peu d'attention, & leurs yeux, peu physiciens, ont pu le confondre avec le crépuscule du soir.

Les aurores boréales sont infiniment moins fréquentes dans les pays de latitude moyenne, tels que la France, l'Angleterre, l'Allemagne & les parties septentrionales de l'Espagne & de l'Italie ; aussi nos pères superstitieux y ont toujours apperçu les objets les plus sinistres, tels que des armées rangées en bataille, des chars

enflammés , des têtes hideuses séparées
de leurs cadavres ; ils en ont vu tomber
des pluies de sang ; ils ont entendu le
cliquetis des armes ; & cet arc ou limbe
lumineux appuyé sur l'horifon , & qui s'y
étend d'ordinaire sur plus de cent degrés
d'amplitude , ils n'ont pas balancé à le
prendre pour la queue ou la chevelure
d'une comète menaçante , dont la tête se
cachait sous l'horifon.

Mais dans les pays méridionaux , com-
pris à-peu-près entre le trentième & le
quarantième degré de latitude , dont le
Péloponèse fait partie , l'aurore boréale
étant quelque fois des siècles entiers sans
paraître , & ne se montrant ensuite que
par intervalles , basse & communément
tranquille , on n'en a fait qu'un spectacle
riant & propre à faire admirer les jeux
brillans de la nature ; dans les siècles
passés , consacrés à l'illusion de la féerie ,
les habitans du fond de la Calabre y
reconnaissaient leur fée Morgane , & son
palais de crystal , orné de portiques & de

colonnes de diamans. Pour les Grecs, ils y ont vu Jupiter & les Dieux tenant leur conseil dans l'Olympe. Cette dernière conjecture se pressent, quand on lit en homme supérieur les poëmes d'Hésiode & l'Iliade.

L'aurore boréale n'est jamais élevée, à une latitude pareille à celle de l'Olympe, & comme elle décline le plus souvent à l'ouest, elle y aura paru immédiatement au-dessous de cette chaîne de montagnes, & comme adhérente à ses cîmes. Delà le limbe, ce ceintre lumineux & rayonnant du phénomène, n'aura été, pour un peuple crédule, qu'un signe non équivoque de la présence des Dieux ; le segment obscur qu'il y aura vu au-dessous, qu'un nuage respectable, qui cachait aux profanes les mystères des immortels ; enfin, les jets de lumière qui s'en élançaient, les carreaux brûlans de la foudre, lancés de la main de Jupiter. Plus le phénomène aura été rare, plus il aura paru merveilleux à des hommes doués d'une imagination ardente, & plus la tradition du prétendu prodige aura dû s'en conserver long-tems sans atteinte.

Si l'Olympe fut préféré, à cet égard, au Pinde & à l'Ossa, qui sont dans la même région, c'est qu'il est infiniment plus élevé; & en général on remarque que la superstition sacerdotale des peuples de l'Orient, a toujours choisi les lieux élevés pour en faire le séjour des Dieux & le berceau de ses mystères; des rochers inaccessibles, dominant sur une ceinture majestueuse de forêts, lui semblaient le signe manifeste de la présence de la divinité, soit à cause de la sainte horreur que ce lieu faisait naître, soit parce que la vérification des faits y étant plus difficile que dans la plaine, le Philosophe se trouvait moins à portée d'éclairer ses impostures.

Si l'Olympe n'avait été qu'un pic isolé comme celui de Ténériffe, il n'y aurait eu que le petit nombre des Thessaliens qui se trouvaient dans la direction du phénomène , qui eussent été fondés à y rapporter l'assemblée des intelligences célestes ; mais , comme toute la partie nord de l'horison était bordée d'une chaîne de hautes montagnes & sur une grande amplitude , tous les peuples du Péloponèse dûrent se réunir à y voir le même spectacle magique ; ce qui les autorisa à faire descendre le ciel , sur quelques rochers de la Thessalie.

Homère lui-même n'aurait point rejetté une pareille explication ; il y a un texte dans le dix-neuvième chant de son Odyssée, qui s'y rapporte. Ulysse & Télémaque erraient dans leur propre palais , au sein de la nuit , inconnus & méditant de se venger des amans de Pénélope; tout-à-coup Minerve, devenue invisible, marche devant eux , tenant une lampe d'or qui répandait une lueur pareille à celle des aurores boréales. » Quel » prodige , dit Télémaque surpris à son » père ! ces murs, ces lambris, ces co» lonnes brillent de la plus vive lumière ;

» aſſurément un des Immortels eſt avec
» nous, & honore ce palais de ſa pré-
» ſence. Mon fils , lui répond Ulyſſe ,
» réprimez votre curioſité , & ne ſondez
» pas les ſecrets céleſtes ; c'eſt le privi-
» lége des Dieux qui habitent l'Olympe ,
» de ſe manifeſter aux hommes , au milieu
» des jets brillans de la lumière , en ſe
» dérobant à nos regards «.

Il eſt difficile de tirer un meilleur parti
d'une idée auſſi ingénieuſe ; on peut
d'autant moins s'en défier , qu'une partie
des fables anciennes n'a été évidemment
que la phyſique des premiers âges , altérée
par ceux qui les ont ſuivis. Ce principe doit
être adopté , quand on n'en fait pas la clef
d'un ſyſtême excluſif , comme nos Romanciers philoſophes , qui depuis vingt
ans , s'amuſent à ouvrir avec cette clef des
fables , toutes les portes de l'hiſtoire & de
l'aſtronomie.

La conjecture de Mairan eſt au reſte

d'autant plus heureuse, qu'elle s'est trouvée
ensuite justifiée par des pierres antiques,
des bas-reliefs & des médailles.

SUITE

DU RETOUR DES GRECS.

HISTOIRE

DE

L'ANCIEN ROYAUME DE CORYNTHE.

Corynthe ſe trouvant placée à la pointe de l'iſthme à laquelle elle a donné ſon nom, & commandant à deux mers, devait naturellement, par ſon heureuſe poſition, être à-la-fois la plus ancienne & la plus puiſſante des villes du Péloponèſe : cependant, rien de tout cela n'eſt arrivé, ce qui confond la politique de l'obſervateur vulgaire ; mais des vues plus profondes, pourront concilier, à cet égard, l'hiſtoire avec la dialectique des vraiſemblances.

A l'époque où les Phéniciens, doublant le Péloponéfe, vinrent jufqu'à l'extrémité du golphe de Corynthe, femer leurs colonies, l'ifthme était fûrement beaucoup plus large qu'il ne l'eft aujourd'hui ; le petit golphe qui eft à l'orient de Sicyone, comme nous avons déja eu l'occafion de l'obferver, eft évidemment l'ouvrage de la mer qui, brifée par les rochers qui empêchent la jonction des deux bras de la Méditerranée, eft venue refluer près de l'emplacement de Corynthe. Alors, le promontoire Olmien était réuni avec la côte correfpondante, & l'ifthme qui porte maintenant le nom de Corynthe, pouvait être appellé l'ifthme de Sicyone.

Cette théorie phyfique fe concilie parfaitement avec les monumens de l'hiftoire, qui font de Sicyone la première Monarchie de la Grèce, tandis que la fondation de celle de Corynthe, remonte à peine à quelques générations avant la feconde expédition des Argonautes.

Quant à fa force politique, elle ne fut

jamais qu'apparente. Envain conſtruiſit-elle ſur les deux mers ſes ports de Cen-chrée & de Léchée, pour intercepter tout le commerce du Péloponèſe, elle ne de-vint jamais une puiſſance dominante, & il faut l'attribuer aux mœurs énervées de ſes habitans, qui ſongèrent toujours plus à effacer leurs voiſins en opulence qu'en vigueur réelle. Corynthe, enrichie de bonne heure par ſon commerce, n'eut pas le tems de paſſer par les périodes ordi-naires des Monarchies ; elle parvint du berceau à la décadence, ſans avoir connu l'âge intermédiaire de la maturité.

Il ne faut point s'arrêter à la fable Coryn-thienne, qui fait de CORYNTHOS, le pre-mier Roi du pays, un fils de Jupiter. Pauſanias, qui en parle, obſerve que le pays où il régna, était le ſeul du globe où l'on crût à cette généalogie (*a*) ; quoi-qu'il en ſoit, ce Corynthos mourut, &

(*a*) Lib. 2, cap. 1.

laiffa fon petit Etat à CRÉON, qui vivait pendant le voyage des Argonautes du Péloponèfe.

JASON, l'Alcibiade de la Theffalie, ce féducteur pufillanime des Médée & des Hypfipile, paraît, après Créon, fur le trône de Corynthe; il femblerait même qu'il ne fît que fuccéder à une efpèce de Vice-Roi, établi pendant l'interrègne, puifque Corynthos, au rapport des Ecrivains de l'antiquité qui me fervent de guide, mourut fans enfans, & que Jafon, comme époux de Médée, fut appellé à Corynthe, pour être le fecond de fes Monarques (*a*). Médée avait réellement des droits, par fa naiffance, à cette couronne, & elle les tranfmit à fon mari, qui fe confola alors d'avoir laiffé celle d'Iolchos, qui lui appartenait, fur la tête du fils d'un ufurpateur.

On prétend que Médée vécut dix ans

____

(*a*) *Paufanias*, lib. 2, cap. 3.

dans une concorde parfaite avec fon époux, & qu'elle lui donna, dans l'intervalle, trois enfans ; mais Jafon, gâté dans fa jeuneſſe par le commerce des beautés faciles de la Grèce, fe laſſa de dix ans de vertu, & féduit par les charmes de Glaucé, fille de Créon, oſa répudier l'héroïne à qui il devait fa gloire & le trône de Corynthe. Cette perfidie fut appuyée avec force par Créon, qui, devenu, pour ainſi dire, le collègue du Roi, par le mariage de fa fille, eut la barbarie d'exiler Médée, & de ne lui donner qu'un jour pour fortir de Corynthe. Nous avons vu quelle fut la vengeance de l'héroïne de la Colchide ; elle embrâſa le palais, y vit périr Créon & fa rivale, & fe retira enſuite à Athènes, où elle épouſa Egée. La fable odieuſe de ſes parricides n'avait pas encore été tranſportée ſur le théâtre.

Les Corynthiens, après le départ de Médée, tournèrent leur fureur ſur les trois enfans de cette Princeſſe, & les lapidèrent ; cet abominable attentat, si l'on en croit la tradition sacerdotale, qui du moins, en cette occasion, fut utile à la morale universelle, ne resta pas impuni ; une épidémie cruelle, qui attaquait les enfans au berceau, exerça ses ravages dans Corynthe. L'oracle fut consulté, & il ordonna d'expier le meurtre des enfans de Médée ; telle est l'origine des sacrifices annuels qu'on offrit long-tems sur le tombeau de ces malheureuses victimes de l'anarchie. Les Corynthiens y faisaient porter à leur enfans des vêtemens lugubres, & coupaient leur longue chevelure. On consacra aussi aux jeunes Princes, pour appaiser leur ombre, une statue de la peur, sous la figure d'une mère saisie d'épouvante. Tous ces faits sont attestés dans le savant Voyage de Pausanias.

Malgré toutes ces réparations, le meurtre des enfans de Médée rendit les Corynthiens odieux à toute la Grèce ; ce peuple vain, mais ingénieux, tenta alors de changer l'opinion des siècles. Persuadé qu'un homme de génie tient dans sa main la destinée des hommes, il proposa à Euripide, qui traitait pour la scène le sujet de Médée, de lui faire tuer ses propres enfans, pour rendre plus terrible la vengeance qu'elle tirait de la perfidie de Jason. Le Poète hésitait ; mais cinq talens, avec lesquels on acheta sa calomnie, bannirent ses irrésolutions, & c'est ainsi que le nom de la sensible, mais vertueuse Médée, n'est parvenu aux générations qu'avec l'horreur qu'inspirent les parricides.

SISYPHE. — On ignore ce que devint Jason après le désastre de la maison royale de Corynthe ; les uns veulent qu'il ait terminé ses ennuis par une mort volontaire ; d'autres qu'il ait été, au fond de la Thessalie, chercher un asyle contre ses remords. Quoiqu'il en soit, Sisyphe, fils d'Eole, & arrière-petit-fils de Deucalion, fut appellé, par Médée, pour lui succéder au trône de Corinthe, &

y monta environ deux ans après le retour des Argonautes.

Sifyphe régna très - long - tems ; merveille, dans l'ordre naturel, que les Poètes
ont défigurée à leur manière. A les croire,
ce Prince enchaîna la Mort dans une
tour de fon palais, jufqu'à ce que Pluton,
dont le Royaume devenait défert, envoyât le Dieu de la guerre pour la délivrer. C'eft le même Sifyphe que le héros
de Virgile vit, plufieurs fiècles après,
dans le Tartare, condamné à rouler
éternellement, jufqu'au fommet d'une
montagne, un rocher que fon propre
poids entraînait enfuite dans les abîmes.
Il n'y avait que la partie la plus ignorante
& la plus vile du peuple de la Grèce
qui pût croire au crime de Sifyphe & à
fon fupplice.

Sifyphe eut, de fon mariage avec Mé-
rope, fille d'Atlas, un enfant nommé
Glaucus, qui devint à fon tour père de
Bellerophon, héros dont les aventures

merveilleuſes méritent un chapitre particulier dans l'Hiſtoire des Hommes.

Corynthe, à la mort de Sifyphe, ceſſe d'avoir une hiſtoire. Il eſt aſſez probable que les Rois de Mycènes en firent la conquête. On voit, par le dénombrement d'Homère, que cette ville était ſous la dépendance d'Agamemnon, pendant le le ſiége de Troye. Cependant les déſaſtres de la maiſon royale de Mycènes firent naître aux Corynthiens l'idée de ſecouer le joug; ils appellèrent, dans leurs remparts, les deſcendans de Sifyphe, qui y régnèrent obſcurément pendant quelques générations, juſqu'à la conquête du Péloponèſe par les Héraclides.

DE

BELLEROPHON.

Quand on lit, dans Homère & dans les Poètes poftérieurs, l'hiftoire de Belle-rophon, on eft tenté de regarder ce héros de Corynthe comme la copie dégradée de quelqu'Hercule du monde primitif, dont la vanité Grecque, fuivant fon ufage, aura décoré le frontifpice de fes annales. Voyons d'abord ce que dit de ce fameux Paladin, le Chantre immortel de l'Iliade. Son texte raffemble à-la-fois la tradition fufpecte & la tradition au-thentique fur ce fingulier perfonnage (a).

____

(a) *Iliad.* Chant 6 ; je me fers de la feconde traduction de l'Académicien de Berlin, Bitaubé, qui conferve quelques étincelles du génie d'Ho-mère.

» Sifyphe, né d'Eole, & le plus intel-
» ligent des hommes, donna le joug
» (dans Corynthe) à Glaucus, dont
» defcendit le vertueux Bellerophon, à
» qui les Dieux accordèrent, avec la
» beauté, cette valeur que l'humanité
» rend aimable. Mais Prétus voulut le
» perdre, & il fut l'éloigner; il tenait
» alors de Jupiter le fceptre qui fub-
» juguait les Argiens. Sa femme, la
» belle Antée, brûlant d'une paffion cri-
» minelle pour Bellerophon, & ne pou-
» vant féduire ce Prince, recourut à la
» calomnie. Meurs, ô Prétus, dit-elle,
» ou ravis le jour à Bellerophon, qui a
» voulu me contraindre à fouiller ta
» couche. Le Roi fut faifi de fureur à
» ce difcours. Cependant il fe fit un
» fcrupule de l'immoler lui-même, & il
» l'envoya dans la Lydie avec des lettres
» fatales, fcellées avec foin, où il avait
» tracé la perte de ce héros, & il lui
» enjoignit de les préfenter à fon beau-
» père, dans l'efpoir qu'il le ferait mourir.

» Bellerophon part , accompagné des
» Dieux. Lorsqu'il arrive aux bords du
» Xanthe , qui coule dans les plaines
» de la Lydie , le Souverain de cette
» contrée le reçoit avec honneur : neuf
» jours se passent en festins. On fait cou-
» ler le sang de neuf taureaux ; mais à la
» dixième aurore, le Roi interroge son
» hôte , & demande à voir les lettres
» qu'il lui apportait de la part de Prétus.
» A peine les a-t-il reçues qu'il ordonne
» au héros de tuer la Chimère «.

Tout ce récit (en exceptant l'ordre
de tuer la Chimère) est assez conforme
aux monumens historiques , & peut , à
un anachronisme près , se rapporter au
petit - fils de Sisyphe , qui fleurissait
quelques générations avant la guerre de
Troye.

Hippomone (a) (c'est le premier nom

______

(a) *Apollod.* lib. 1 & 2 ; *Pausanias*, lib. 2
& 10 ; *Strab.* lib. 7 & 12.

du Paladin, dont nous cherchons à deviner l'histoire) vivait tranquille dans Corynthe, sans faire soupçonner les qualités guerrières qui rendirent son nom immortel ; un courtisan, nommé Beller, blessa sa vanité, & celui-ci lava l'offense en tuant l'offenseur ; de-là lui vint le nom d'*assassin de Beller*, ou de *Bellerophon*.

Un meurtre, chez les peuples sages qui connaissent le prix de la vie d'un citoyen, est un attentat contre l'ordre social qu'un Prince même doit expier. Bellerophon, tout petit-fils qu'il était du Roi de Corynthe, fut banni de la ville où il devait régner. Il alla dans Trezène demander la main d'Ethra, fille de Pithée, & malgré sa beauté & sa naissance, on le refusa. C'est alors qu'il se rendit à la Cour de Prétus, pour se faire expier de son homicide.

Homère, qui ne croyait pas qu'un Poëme épique dût être un traité de chronologie, parle ici de Prétus comme ſi c'était le frère d'Acriſius, Roi d'Argos, qui corrompit ſa nièce Danaë, ſous le nom de Jupiter ; mais il y a près d'un ſiècle & demi d'intervalle entre le tems où vivait ce Prétus & celui où on place Bellerophon. Ces deux perſonnages ne ſe ſont pas plus rencontrés que l'Enée de Virgile & ſa Didon dans les murs de Carthage.

Le Prétus qui expia Bellerophon, était un autre petit-fils de Siſyphe, qui poſſédait une eſpèce de Souveraineté dans la Béotie (*a*). Dès que l'aſſaſſin de Beller fut abſous, il commença à paraître aimable à Antée, femme du Roi, la même que des Poëtes mal inſtruits appellent Sténobée. Le Prince, dont l'ame honnête s'indignait de l'idée de violer les loix de l'hoſpitalité, feignit de ne point s'appercevoir des progrès qu'il faiſait dans le cœur

----

(*a*) Du moins on le conjecture par ſon nom donné à une porte de Thèbes. *Pauſanias*, lib. 9, cap. 9.

de son amante , & quand elle lui fit l'aveu de sa passion , il chercha à la guérir plutôt qu'à la satisfaire. La vertu d'un héros, en pareil cas. ne se pardonne jamais. Antée , ivre d'amour & de rage, accuse Bellerophon d'avoir voulu la violer, & le crédule Prétus ouvre son ame toute entière. à la vengeance.

Bellerophon devait faire un voyage en Lycie , pour voir Amphianax (*a*) , dont Prétus avait épousé la fille. Le gendre envoie à son beau-père la déposition d'Antée , & le charge de punir le coupable. C'est Bellerophon lui-même qui porta, dans des tablettes fermées , l'arrêt de sa mort ; depuis, on appella , dans la Grèce , les lettres où un accusé portait sa sentence , *tablettes de Bellerophon.*

Amphianax , pour rendre le supplice du héros utile à son pays . le chargea , dit-on , d'exterminer la Chimère. Ici ,

------

(*a*) *Pausanias* , lib. 3 , cap. 25.

nous tombons dans l'âge des fables, &
l'exploit fantaſtique qu'on attribue au
petit-fils de Siſyphe, eſt ſûrement copié
d'après quelque tradition d'un monde
tout neuf, falſifié & embelli par un
monde dégénéré.

„ La Chimère, dit le Chantre d'Achille,
„ était un monſtre invincible, de race
„ immortelle ; à ſa tête de lion, était
„ uni le corps d'une chèvre, qui ſe ter-
„ minait en dragon tortueux ; elle vo-
„ miſſait, de ſon ſouffle terrible, des
„ torrens de flammes : cependant le hé-
„ ros, protégé par les Dieux, en purgea
„ la terre «.

Les Savans, de tout tems, ſe ſont amuſé
à chercher un ſens raiſonnable au conte
de la Chimère. L'un (a) veut que cet
exploit ait déſigné la défaite de trois
ſortes d'ennemis, dont l'un avait l'agi-
lité de la chèvre ſauvage, l'autre la ſub-

______

(a) Tzetzès, *Chil. hiſt.* 140.

tilité du serpent, & le dernier le courage du lion ; l'autre (*a*) imagine que ces trois quadrupèdes étaient représentés sur les drapeaux des peuples vaincus par Bellerophon. Suivant Agatharchide, la Chimère était la femme d'un brigand de la Lycie, dont les deux frères étaient désignés, par la terreur populaire, sous le nom de serpent & de lion : la concorde qui régnait entr'eux, fit dire que la même tête les animait (*b*). Malheureusement, dans toutes ces explications, on ne rend compte ni des feux vomis par le monstre, ni de son immortalité.

Le bon Plutarque a une idée sur la Chimère qui n'appartient qu'à lui. On voyait, dit-il, sur le sommet d'un montagne de la Lycie, une roche qui réfléchissait les rayons du soleil dans la plaine

---

(*a*) Bochart, *Canaan.* lib. 1 , cap. 6.
(*b*) *Histor. Asia* , lib. 1.

avec tant de vivacité, que les champs flétris ceſſaient d'être d'excellens pâtu-rages. Bellerophon fendit le rocher, & le dénatura au point de l'empêcher d'être un miroir ardent ; ce qui rendit l'artiſte ingénieux, le Dieu des campagnes (*a*).

Si je ne crois pas à Plutarque, je croirai encore moins à Nicandre de Colophon, qui entend, par la Chimère, les rivières dont les ſinuoſités reſſemblent à la queue du dragon ; le Soleil vient ſous l'em-blême de Bellerophon, il les déſsèche, arrête ainſi les effets des débordemens, & venge l'agriculture de ſes ravages.

La rêverie de Nicandre a été ſans doute le germe de celle du Savant Gébelin. La Chimère, dans la nouvelle hypothèſe, eſt l'emblême d'une année qui n'a que trois ſaiſons. Le lion eſt

____

(*a*) Voyez ſur cette interprétation & ſur la ſuivante, l'Abbé Banier, *Mém. de l'Académie,* petite édition, tom. **x**, pag. 105 ; ce Savant s'eſt fait l'Hiſtorien le plus complet de Belle-rophon.

l'été ; la chèvre ou le Capricorne l'automne, & le dragon le printems, où la nature se renouvelle. Pour completter le roman allégorique, on fait de la Lycie la lumière, & de Bellerophon le soleil qui triomphe du tems ; les hommes à imagination ardente, admirent tout cela, sur-tout quand ils ont la manie des systêmes exclusifs.

Laissons - là toutes les chimères des Commentateurs, & arrêtons - nous à la seule explication raisonnable que font naître les monumens. Le long du Xanthe, on voyait une chaîne de montagnes, devenues, par l'aspect affreux que présentaient leurs forêts inaccessibles, & leurs rochers, taillés en précipice, la seule demeure des chèvres sauvages, des serpens & des lions (a). Un des sommets les plus escarpés de cette chaîne s'appellait le mont Chimère ; c'était le foyer

____

(a) Strab. *Geograph.* lib. 7.

d'un volcan, qui s'éteignit dans la suite faute de matières combuſtibles (*a*). Bellerophon, malgré les torrens de feu qui s'exhalaient de la bouche du volcan, eut l'audace d'exécuter une chaſſe mémorable ſur la montagne, & en exterminant les bêtes féroces qui y avaient creuſé leur repaire, il rendit la paix & la sûreté aux campagnes adjacentes. Cette interprétation, dont l'antiquité eſt le garant, & où l'imagination n'entre pour rien, a quelque droit, par ſa ſimplicité ſublime, de trouver place dans une Hiſtoire des Hommes.

Mais ce volcan du mont Chimère, déja éteint dans les ſiècles où l'on place l'avènement du Bellerophon Grec, appartient sûrement à un monde antérieur, dont les contemporains de ce héros ſe ſont approprié les monumens. Les détails de cette expédition font preſſentir la juſteſſe de cette conjecture.

***

(*a*) Plin. *Hiſtor. Natur.* lib. 2.

Héſiode, Pindare & Euripide (*a*) s'accordent à donner Pégaſe pour monture à Bellerophon, quand il combattit la Chimère. Or, nous avons vu, dans l'Hiſtoire de Perſée, que ce cheval ailé était un vaiſſeau à voiles, ſubſtitué au vaiſſeau à rames, en uſage dans l'enfance de la navigation. Mais, comment le petit fils de Siſyphe aurait-il eu beſoin de s'embarquer pour arriver au pied du mont Chimère, qui, à l'époque où on le place, était à une diſtance prodigieuſe de la mer? La contradiction diſparaît dès qu'on remonte dans les âges primitifs. Alors l'Aſie mineure, preſque toute entière ſous les eaux, n'était viſible aux navigateurs que par les pics de ſes montagnes ; un navire audacieux voulut aller contempler par lui-même le phénomène, nouveau pour lui, de l'éruption d'un volcan ; ſon expédition laiſſa une trace profonde dans

---

(*a*) *Théogon.* verſ. 326. *Olymp.* 13, & Tragédie d'*Ion.*

la mémoire des peuples, peu accoutumés à voir la nature avec des yeux physiciens ; & c'est sur cette tradition antique, que la vanité Grecque bâtit sa fable de Belle-rophon.

La suite du récit d'Homère peut convenir au petit-fils de Sifyphe.» Le héros, » dit ce beau génie, vainqueur de la » Chimère, combattit les Solymes & » les Amazones, & en triompha. A » son retour, le Monarque de la Lycie » lui dreſſa un nouveau piége où devait » échouer ſa valeur ; il choiſit, dans ſes » Etats, les guerriers les plus intrépides, » les mit en embuſcade dans un défilé » où devait paſſer Bellerophon ; mais » celui-ci les paſſa au fil de l'épée, & » nul d'entr'eux ne revit ſa patrie. Après » ce dernier exploit, le Roi reconnut » enfin que le Corinthien qu'il voulait » perdre était iſſu des Dieux, il le retint » à ſa Cour, lui donna ſa fille en ma-» riage ; & l'admit à tous les honneurs » du trône «.

La fin de la carrière de Bellerophon fut peu digne d'un héros qui marchait à pas rapides vers l'apothéofe. Homère le peint plongé dans une mélancolie profonde, errant dans les déferts, & dévorant fon cœur. Il ne dit point quelle fut l'origine de fon défefpoir, mais Hygin fupplée à ce filence. A croire le Poète, Bellerophon, énorgueilli de fes triomphes, entreprit de monter jufqu'au ciel ; Jupiter irrité, envoya alors un taon, qui piqua fi vivement le Pégafe fur lequel il était monté, qu'il fut précipité fur la terre. Le héros, dans fa chûte, perdit la vue, & paffa le refte de fes jours dans les anxiétés de la mifère, fans vêtemens & fans afyle, dédaigné des hommes qu'il avait fervis, & perfécuté des Dieux dont il s'était rendu l'image fur ce globe.

Si la fable d'Hygin a quelque fondement, elle ne peut regarder le petit-fils de Sifyphe, dont la poftérité régna en Lycie, comme il paraît par l'hiftoire du fiége de Troye (*a*). Le Poëte a sûrement transporté, au héros Grec, une tradition orientale, dont les débris exiftaient dans les annales de la marine de Phénicie. Alors ce voyage au ciel, fur les flancs du Pégafe, ferait une expédition maritime dans un monde inconnu aux peuples primitifs. Ce taon, qui pique le quadrupède aîlé, défignerait ces vers rongeurs qui s'attachent à la quille des vaiffeaux, & finiffent par l'entr'ouvir. Le refte des malheurs de Bellerophon, eft l'emblême de fon naufrage dans une ifle déferte, où il mourut ignoré. Toute cette interprétation eft de la fimplicité la plus heureufe, dès qu'on admet d'autres origines, que celle du peuple fi neuf qui a défriché les landes du Péloponèfe, & qu'on diftingue, avec foin, le monde de la Nature ; de celui de nos Géographes.

(*a*) Homère ; *Iliad.* lib. 6.

FIN DE L'HISTOIRE

DU

RETOUR DES GRECS.

DE QUELQUES

PETITS SOUVERAINS DU PÉLOPONÈSE,

QUI N'ONT D'EXISTENCE QUE

PAR LES POËMES D'HOMÈRE.

Pour compléter l'histoire des origines de la Grèce, il faut parler encore de quelques petits Etats indépendans, auxquels la faiblesse de leurs Chefs ne donna qu'une existence éphémère. La plûpart seraient inconnus sans la plume d'Homère ; aussi dans le tableau rapide que nous allons tracer, nous n'aurons guères d'autre autorité, outre Pausanias, que celle de l'Odyssée & de l'Iliade.

L'Elide. —Cette contrée, qui s'étend le long de la mer Ionienne jusqu'aux frontières de l'Achaye, eut plusieurs petites Souverainetés dans son sein, dont Elis, qui donna son nom à cette partie du Péloponèse, Pise, où régna Œnomaüs, Pylos, la patrie de Nestor, & Olympie, si célèbre par les jeux, furent les métropoles.

On fait, d'Aëthlios (*a*), le premier Souverain de l'Elide. Comme on ne connaissait point son origine, on le fit naître de Jupiter & d'une fille de Deucalion ; c'est ce Prince que la fable fait père d'Endymion, aimé de la Lune, & qui rendit la Planète enceinte de cinquante filles. Endymion, sur la fin de sa carrière, proposa aux trois enfans qui lui restaient, de disputer son Royaume à la course. Epeus fut vainqueur, & régna après lui : toutes ces origines ne méritent pas d'être discutées.

Il y avait, au siècle d'Epeus, un Roi de Pise, nommé Œnomaüs, qui se disait

______

(*a*) *Pausanias*, lib. 5, cap. 1.

fils de Mars. Pélops, plus favori que lui du Dieu de la guerre, le tua, & s'empara de sa Monarchie. Il marcha ensuite contre le Roi de l'Elide, & lui prit Olympie. Cependant Epeus mourut sur son trône, & le transmit à Etolus son frère, qui, pour expier un meurtre involontaire, quitta sa patrie, & alla fonder un Royaume de son nom sur les bords de l'Acheloüs.

Eleus I bâtit probablement Elis, dont l'Elide a tiré son nom. C'est lui qui fut le père de cet Augyas, qui avait laissé amonceler, dans ses étables, une si grande quantité d'immondices, qu'Hercule, pour les nettoyer, fut obligé de détourner le fleuve Penée, & de le faire passer au milieu de l'édifice. On dit que ce travail fut, pour le héros, l'ouvrage d'un jour. La raison ne peut y ajouter foi, qu'en prenant ce jour poétique pour une révolution entière de la terre autour du soleil.

Le service d'Hercule ne fut payé que

d'ingratitude. Alors le fils d'Alcmène,
qui, comme tous les héros de son siècle,
ne savait pas pardonner, vint mettre le
siége devant Elis, & la prit d'assaut Pylos
ensuite subit le joug du conquérant, &
Pise n'échappa à sa ruine, que par l'a-
dresse qu'elle eut de faire intervenir,
pour se sauver, un oracle de Jupiter.
Hercule, maître de l'Elide entière, la
donna à Phylée, fils aîné d'Augias, qui
avait eu le courage, dès l'origine, de
prendre le parti du héros contre son père;
trait de grandeur d'ame, dont un long exil
avait été le prix. C'est à cette époque que
les Eléennes, voyant leur pays dépeu-
plé, firent un vœu solemnel pour obtenir
de Minerve, que leurs maris les ren-
dissent mères, la première fois qu'elles
jouiraient de leurs embrassemens. Le
vœu fut exaucé, & par reconnaissance,
un temple fut bâti, dans Elis, à *Minerve,
mère des hommes.* Ce fait, qui, au reste,
ne contredit en rien les loix de la Nature,
est attesté par Pausanias.

Phylée mourut à Dulichium , où il était venu s'établir fur la fin de fon règne , & Agafthène , fon fecond fils , lui fuccéda. C'eft fous ce dernier Prince qu'arriva la guerre de Troye. L'Elide, comme nous l'avons vu , entra dans la confédération Grecque , & fournit une flotte de quarante navires , qui ne fit rien de mémorable. Polyxénos , Amphimaque & Eleus II , n'ajoutèrent encore que leurs noms ftériles aux faftes de l'Elide ; enfuite les Héraclides vinrent , & donnèrent cette Couronne à un Oxyle , de la race d'Endymion.

Ce ferait ne point faire connaître l'Elide , que de ne pas s'arrêter un moment fur la patrie de ce Neftor , qui , par fa raifon profonde & fa longue expérience , femble le génie tutélaire des héros de l'Iliade. Pylos , la capitale de fa petite Souveraineté , fut , comme nous l'avons vu , prife par Hercule , pour la punir d'avoir donné du fecours à l'infidèle Augias. Onze enfans du Roi périrent de la main du héros , dans le fac de cette ville, & Neftor feul échappa à fa vengeance. Ce Prince, deftiné, par le ciel, aux grandes chofes, paffa une jeuneffe orageufe , les armes à la main , mais il fit toujours fervir fa valeur à défendre fa patrie contre fes conquérans & fes oppreffeurs. Parvenu à un âge très-avancé, il fe rendit, avec les Princes de la confédération Grecque, fous les murs de Troye, & y acquit une haute confidération , dont on fut d'autant moins jaloux , que, par fon âge, il en devait jouir moins long-tems, & rentra, fans avoir effuyé de tempêtes, à Pylos. Son Royaume finit avec lui, & devint, à fa mort, une Province de l'Elide (*a*).

L'Etolie. — Nous venons de voir, dans l'hiftoire de l'Elide, qu'un Roi, Etolus, pour expier un meurtre invo-

---

(*a*) Tout ce qu'on fait de Neftor , fe trouve dans les livres 2 & 7 de l'Iliade.

lontaire , quitta son trône , & vint fonder une Monarchie sur les bords de l'Acheloüs. C'est à ce Prince que l'Etolie doit son nom. Ce pays , entrecoupé de montagnes, qui lui servent de remparts contre l'invasion des conquérans, fut long-tems le repaire des brigands de la Grèce. Ces brigands étaient d'autant plus dangereux , qu'ils avaient cette valeur qui tient lieu de toutes les vertus aux peuples barbares. On dit qu'ils se rasaient le devant de la tête , de peur de donner prise à l'ennemi sur le champ de bataille, mais qu'ils laissaient croître leur chevelure par derrière , afin que ces mêmes ennemis pussent les saisir , s'ils avaient la lâcheté de préférer la fuite à la mort.

Calydon, fils du fondateur de l'Etolie, donna son nom à la capitale ; cette ville était située à la pointe d'une forêt, renommée , dans l'Histoire Grecque , à cause d'un sanglier monstrueux , que Méléagre , à la tête de l'élite des guerriers du Péloponèse , fut , pour ainsi dire, contraint d'affiéger, comme le serpent de Bagrada le fut, plufieurs fiè-cles après, par l'armée de Régulus.

Œnée, père de ce Méléagre, vainqueur du fanglier de Calydon, régnait dans l'Etolie, quand Hercule vint y détourner le cours de l'Acheloüis. Après ce fervice important, rendu à l'agriculture, le héros époufa Déjanire, fille du Roi, qui fut la caufe innocente de fa mort : nous n'avons rien à ajouter aux détails que nous avons raffemblés, à cet égard, dans l'hiftoire du fils d'Alcmène.

L'hiftoire de l'Etolie, finit proprement au mariage d'Hercule avec Déjanire. Mais deux héros, qui paraiffent enfuite dans la race de fes Rois, méritent quelqu'attention ; l'un eft Tydée, un des chefs du fiége de Thèbes, & l'autre Diomède, dont la valeur contribua tant à la prife de Troye.

Tydée, fils d'Œnée, obligé de fe retirer à Argos, pour expier un homicide, y époufa une des filles d'Adrafte ; ce

qui le rendit beau - frère de Polynice.
Ce Prince fe fignala au fiége de Thèbes,
& y trouva une mort qui aurait été glo-
rieufe, s'il ne l'avait pas flétrie par un
trait de rage, qu'on ne devrait trouver
que dans l'hiftoire des Cannibales. Mor-
tellement bleffé par Ménalippe, il luttait
contre les approches de la mort, quand
on lui apporta la tête de fon ennemi,
tué par Amphiaraüs. Ce fpectacle lui
rend fes forces; il met en pièces la tête
de Ménalippe, en tire la cervelle, la
porte à fa bouche, & expire en l'ava-
lant. J'ai été tenté de déchirer cette page
du livre d'Apollodore (a).

Diomède était le fils de Tydée; ce Prince
s'attacha à la fortune d'Agamemnon, alors
le Prince le plus puiffant du Péloponèfe,
& il en obtint la vice - royauté d'Argos
& de Trezène. Homère a beaucoup parlé
de fes exploits au fiége de Troye. Mais

____

(a) Lib. 2, cap. 7.

il détruit tout-à-coup la créance que fon autorité faifait naître, en difant que fon héros blessa Mars & Vénus fur le champ de bataille. Le Dieu de la guerre ne fe vengea pas ; car Diomède continua à être le plus vaillant des Grecs. Pour Vénus, elle punit le guerrier téméraire, en rendant fa femme infidèle. Cette perfidie fut fi fenfible à Diomède, quoiqu'une abfence de dix ans eût dû l'y préparer, qu'il abandonna fes Etats, & vint fonder une colonie dans cette partie de l'Italie, qu'on nomma depuis la grande Grèce.

Les peuples de l'Etolie, depuis la guerre de Troye, tombèrent dans l'oubli, & on ne les voit plus jouer un rôle en Europe, que fous les Rois de la Macédoine.

La Locride (*a*). — Ce petit Etat,

___

(*a*) Homèr. *Iliad.* Paffim. *Dyctis*, lib. 1, *Paufan.*, lib. 10, *Conon. Narrat.* 18.

qui ordinairement fait partie de la Phocide, n'eſt guères connu que par Ajax, un des héros de l'Iliade.

Les Locriens furent, dit-on, nommés, originairement, *Oʒolœ*, mot qui répond au *male olentes* des Latins, & cette injure était fondée ſur une tradition fabuleuſe, qui voulait que les flèches d'Hercule, trempées dans le ſang de l'hydre de Lerne, ayant été enterrées dans le pays par Philoctète, il s'en exhala une odeur fétide qui corrompit l'haleine des habitans. On diſtinguait ces Locriens peſtiférés, d'une autre branche de la même nation, qui habitait vis-à-vis l'iſle d'Eubée, à l'orient de la Phocide.

Ajax, fils d'Oylée, conduiſit les Locriens au ſiége de Troye. C'était un héros dans le genre d'Achille, ayant reçu de la nature un corps d'athlète & une ame ſuperbe, incapable de dévorer un affront. Son tempérament ardent, qui l'entraînait à tous les délires de l'amour, fut ſur le point de lui devenir funeſte ; il avait, dit-on, violé Caſſandre ſur l'autel même de Minerve, & Ulyſſe voulait qu'on le lapidât ; mais le droit naturel n'avait pas aſſez de force parmi cette troupe de brigands qui ſervaient la vengeance des Atrides, pour qu'on envoyât ainſi un Roi au ſupplice.

Après le déſaſtre de Troye, Ajax porta la peine de ſon attentat. Une tempête violente accueillit ſa flotte à la hauteur des côtes de l'Eubée, & tous ſes ſoldats y périrent. Les Poëtes, qui ne font jamais mourir les héros comme les autres hommes, prétendent que le fils d'Oylée, après ſon naufrage, s'étant accroché à un écueil, défia le Ciel de le rendre plus malheureux, & que le Dieu des mers irrité, le précipita dans les flots, en briſant, d'un coup de ſon trident, le rocher qui lui ſervait d'aſyle.

Cependant le ſacrilége d'Ajax n'était pas encore expié. Les Prêtres, qui aiment à rendre leurs Dieux implacables, pour perpétuer les offrandes ſur leurs autels, profitant de l'occafion d'une pefte qui ravagea la Locride, quelque tems après l'incendie de Troye, déclarèrent que le ciel, par ce fléau terrible, vengeait le viol de Caffandre. Les peuples, en vertu d'un oracle, promirent alors d'envoyer tous les ans, dans la Troade, deux jeunes vierges, deftinées à fervir de Prêtreffes à Minerve; mais les Troyens, rendirent long-tems cette expiation inutile. Ces hommes, à qui le malheur n'avait pas fait perdre leur férocité, attendaient les Locriennes fur la route du temple, les maffacraient & jettaient leurs cendres dans la mer. Il fallut que dans la fuite ces infortunées priffent des chemins détournés pour arriver au temple, qui devait leur fervir d'afyle contre le fanatifme de leur patrie & la barbarie des habitans de la Troade. La coutume étrange d'exiler deux vierges, pour expier le crime d'Ajax, ne ceffa qu'au fiècle de Plutarque (a).

______

(a) *De ferâ numinis vindictâ.*

Malgré le facrilége du fils d'Oylée, & la pefte que la fuperftition en croyait la fuite néceffaire, les Locriens regardaient ce Prince comme un héros digne de l'hommage des fiècles ; il avait donné à fa nation une fi haute idée de fa valeur, que, dans les armées, elle laiffait toujours vuide la place du Général, comme fi l'ombre de ce guerrier était feule digne de la remplir. Après la mort d'Ajax, on ne voit plus de trône dans la Locride.

D'ULYSSE ET DE SES VOYAGES.

Homère avait été sur le petit écueil d'Ithaque, avant qu'il devînt aveugle, Poète & homme de génie; il y avait consulté la tradition sur la vie d'Ulysse; il avait étudié par lui-même la position géographique des différens pays que le Paladin avait parcourus, & c'est d'après tous ces travaux, qu'il composa son Odyssée, espèce de Roman en vers harmonieux, que, dans le déclin des ans, il eut la faiblesse de mettre-au-dessus de l'Iliade.

L'Odyssée est le récit des voyages maritimes d'Ulysse : quoique son Périple ne comprenne guères que ce petit espace de la Méditerranée, qu'on nomme la mer Egée, la mer Ionienne & la mer de Sicile; son navire était si mal construit, ses connaissances nautiques étaient ſi faibles qu'il fut dix ans en route, autant que pour faire le ſiége de Troye.

Le héros de l'Odyſſée était, d'ailleurs, par ſon caractère & par ſon ame, un perſonnage bien peu digne des honneurs de l'Epopée. Les faits un peu moins ſuſpects que les panégyriques, nous ont entraînés pluſieurs fois à ce réſultat, dans le cours de cette Hiſtoire.

La bravoure eſt la vertu par excellence des ſiècles héroïques; mais Ulyſſe nous eſt repréſenté calculant trop bien les dangers, pour avoir cet enthouſiaſme guerrier qui les défie. En vain des priſonniers Troyens, que ſon or, ſans doute, avait ſéduits, déclarent-ils qu'il eſt le fléau le plus terrible de leur patrie; en vain les Grecs, pour mortifier l'impétueux Ajax, lui défèrent-ils les armes d'Achille, jamais la poſtérité impartiale ne donnera le nom de brave à l'homme qui contrefait l'inſenſé pour ne point aller à un ſiége; qui couvre preſque tous ſes exploits des ombres de la nuit, & qui tente d'affaffiner , par derrière , fon ami Diomède , parce qu'il ne l'a point affocié à la gloire facile de l'enlèvement du Palladium.

La fineffe d'Ulyffe , grace aux Poëmes immortels d'Homère , a paffé en proverbe ; il ne faut pas s'imaginer que cette fineffe fût le réfultat de cette connaiffance profonde du cœur humain , qui met en jeu les intérêts & les paffions des autres , pour les faire fervir à fa vengeance. Cet art d'ennoblir le machiavélifme de l'ambition, qui a immortalifé les Cromwel & les Céfar , était inconnu dans les premiers âges de la Grèce. La fineffe du Roi d'Ithaque , confifte à atteler un taureau avec une chèvre , pour fe difpenfer de prendre part à la vengeance des Atrides ; à contrefaire des lettres d'Agamemnon , pour amener Iphigénie fous le fer de Calchas ; à corrompre , à prix d'or , des efclaves , pour légitimer l'affaffinat juridique de Palamède.

Je m'arrête ; car mon indignation s'allume, quand je vois une apothéose où je voudrais voir un échaffaut, & peu m'importe le nom de l'homme de génie que j'envelopperais alors dans la prof-cription; il est bien plus essentiel au genre humain d'avoir une morale, qu'un poëme épique.

Ulysse parut expier ses perfidies, par les angoisses de la vie errante qu'il mena pendant dix ans, jusqu'à son retour à Ithaque. Cependant Homère, qui parle beaucoup de ses malheurs, ne dit rien de ses remords, ce qui affaiblit un peu l'intérêt que l'homme honnête & sensible prendrait au héros de l'Odyssée.

On voit, dans cette Odyssée, une foule d'aventures étranges, qui prouvent que son Auteur a plus cherché à se faire lire, qu'à se faire croire. Telles sont les ap-paritions des Dieux, quand le Poëte est embarrassé à dénouer une intrigue, le conte oriental des chants des Syrènes, l'histoire de l'antre de Poliphême, la métamorphose des compagnons d'Ulysse

en pourceaux. Le Rhéteur Longin juf-
tifiait toutes ces abfurdités, en les appellant les *fonges de Jupiter*; mais comme
les fonges de Jupiter auraient encore
moins d'autorité aux yeux de la raifon,
que ceux d'un Sage tel que Platon ou
l'Abbé de St-Pierre, nous ne ferons
point entrer les fables de l'Odyffée dans
une Hiftoire des Hommes.

Ulyffe (a), après l'incendie de Troye,
s'embarque fur fa petite flotte de douze
vaiffeaux, pour regagner fon rocher d'I-
thaque. Il eft jetté fur les côtes de Thrace,
qu'il ravage fans déclaration de guerre;
mais la mort de foixante & douze de fes
foldats, paffés au fil de l'épée par les
Ciconiens, met fin à fes brigandages.

Après beaucoup de dangers, qui venaient moins d'une mer orageufe, que
de l'inexpérience des Pilotes, l'efcadre

(a) Homèr. *Odyff.* Paffim, *Diod Sicul.* lib.
5; Strab. lib. 1; *Dyctis*, lib. 6; Tzctz. *Chiliad.*

arriva à la hauteur de l'Attique : malheureusement le Roi d'Ithaque s'était rendu aussi odieux aux Grecs, qu'aux Troyens, par ses perfidies; Télamon, qui avait la mort d'un fils à venger, traita Ulysse en ennemi né des hommes; il coula à fond une partie de ses vaisseaux, s'empara de ses trésors, & le réduisit à desirer le plus funeste des naufrages.

Le héros d'Homère (car le nom simple de héros n'est point fait pour lui) se sauva, avec les débris de sa flotte, des parages où dominait Télamon; il était sur le point de doubler le promontoire Malée, quand les courans, qu'il connaissait peu, le firent dériver jusques vers la Sicile.

Les Cyclopes habitaient alors cette grande isle de la Méditerranée, en concurrence avec les Lestrigons. Les Cyclopes, dit Homère, n'avaient qu'un œil au milieu du front; idée venue peut-être de ce que ces barbares faisaient usage d'un bouclier percé d'une feule vifière. On croit que la hardieffe d'Ulyffe , d'enlever la fille d'un chef de ces Cyclopes , fut le germe de fon aventure fabuleufe dans l'antre du géant Polyphême.

Le guerrier errant fut beaucoup mieux reçu dans le petit Archipel des ifles Eoliennes (aujourd'hui Lipare) , qui eft fitué au nord de la Sicile. Eole , qui en était Roi , avait quelques connaif-fances nautiques , dont il faifait part aux étrangers qui faifaient le commerce de la Méditerranée. Ulyffe , qui avait la vanité de ne vouloir pas être éclairé par un barbare , dédaigna les confeils d'Eole , & il en fut puni : la tempête le jetta fur les côtes de l'Italie , vers l'ifthme de Circé , qu'il prit pour une ifle , & qui n'eft aujourd'hui qu'un promontoire. Il ne fortit de ce féjour enchanté , que pour faire naufrage dans le dérroit de Charybde & de Scylla. La tradition veut que pour fe dérober à la mort , le Roi d'Ithaque fut obligé de faifir le mât de fon vaiffeau , qui flottait à l'aventure, & de fe laiffer à la dérive, en le gouvernant avec fes pieds & avec fes mains. Homère ajoute (ce qui eft bien plus étrange) qu'il refta ainfi dix jours & dix nuits fans manger & fans mourir; enfin fon mât, dirigé par les Dieux, le conduifit dans l'ifle d'O-gygie, où régnait la Nymphe Calypfo.

Cette ifle d'Ogygie, que le Philo-fophe a long-tems cru perdue, avec la Nymphe qui l'habitait, eft, fuivant le docte Danville, un petit écueil qu'on voit à l'entrée du golphe de Tarente (*a*). Cet afyle des crabbes, était alors celui des jeux & des amours; & Ulyffe, qui refpirait par-tout l'air de la volupté, s'y confola de la longueur de fon exil, en oubliant qu'il aimait Pénélope.

Mais un voyage fur un mât flottant, du détroit de Charybde, à l'entrée du golphe de Tarente, ne paraît pas encore affez

______

(*a*) *Géograph. ancienne*, tome 1, pag. 212.

héroïque au bon Plutarque. Ce Philofophe, dans un rêve qu'il a fait fur *l'orbe
de la lune* (*a*), dérange tout cet itinéraire;
fon Ogygie eft une ifle fituée entre le
Groënland & le Spirtzberg, où Saturne
gémit enchaîné, avec les diables qui le
fervent; il me femble que dans ces régions du pole que couvrent d'éternels
glaçons, le Roi d'Ithaque devait être peu
tenté de faire des infidélités à Pénélope.

Je me trompe; un Savant moderne,
qui prend le monde de Buffon pour le
nôtre, & qui cherche, à cet égard, dans
Plutarque & dans Homère d'illuftres
complices de fon crime philofophique,
a dit, dans un Roman fur l'Atlantide,
qu'on lit encore, mais qu'on ne cite
plus (*b*), que l'Ogygie du cercle polaire,

(*a*) L'ouvrage a pour titre.: *De l'afpect que
préfente l'orbe de la lune.* Il fe trouve dans les
Œuvres Morales, édition de 1582, tome 2,
pag. 620.

(*b*) *Lettres fur l'Atlantide*, pag. 399 jufqu'à
417.

était, autrefois, le Paradis Terreftre du globe, & cette hypothèfe fe concilie avec l'Odyffée pourvu qu'on faffe vivre Ulyffe environ quarante mille ans avant la guerre de Troye.

Suidas (a) nous a tranfmis, fur cette partie des voyages d'Ulyffe, une tradition un peu moins fufpecte que celle des Romans poétiques ou philofophiques fur l'ifle d'Ogygie. Le Roi d'Ithaque, dit-il, ayant perdu, près de Charybde, fes guerriers & fa flotte, fut rencontré par des navigateurs de Phénicie, flottant fur un débris de vaiffeau, que les vagues n'avaient pu engloutir : l'Amiral étranger le recueillit avec bonté, & le conduifit dans la Crète. D'après ce récit, l'ifle de Calypfo n'aurait pas plus de fondement hiftorique, que les jardins enchantés d'Armide ; ce qui, au refte, ne fait rien perdre au mérite des Poëmes d'Homère

______

(a) *Lexicon*, in voce *Charybd.*

& du Taſſe, auxquels ces contes charmans ſervent d'épiſode.

Ulyſſe, de la Crète, n'arriva pas en
droiture à Ithaque. Il fut jetté, par les
vents, au-delà de ſon petit Royaume, &
aborda dans l'iſle de Corcyre, habitée
par les Phéaciens. C'eſt-là qu'il eut,
pour la première fois, depuis près de
dix ans, des nouvelles de ſon peuple &
de ſa maiſon.

Une abſence de vingt ans n'avait pas
été favorable à l'adminiſtration intérieure
de la petite Monarchie. Les inſulaires,
voyant le trône occupé par une femme,
avaient cherché à ſe rendre indépendans.
D'un autre côté, une foule de petits Princes des iſles alliées, ou qui faiſaient partie
des Etats d'Ulyſſe, telles que Zacynthe,
Céphalenie & Dulichium, cherchaient
à envahir cet héritage : ils croyaient ou
feignaient de croire Ulyſſe mort ; & pour
voiler leur uſurpation, ils demandaient
tous la main de Pénélope.

Pénélope n'était plus dans cet âge où

l'on espère de fixer un époux par ses charmes ; mais la sensibilité ne meurt jamais dans un cœur vertueux ; cette héroïne de la fidélité conjugale se promit de garder, jusqu'à la mort, le nom de femme d'Ulysse. Cependant , elle était obligée de dissimuler, pour ne point irriter les Princes, que l'espoir seul d'épouser la veuve d'Ulysse, pouvait empêcher de s'armer pour la conquête de ses Etats ; elle ne dédaignait, en ce genre, aucune de ces petites ruses que les femmes imaginent si heureusement, & qui ne sont viles que quand elles partent d'un manége de coquetterie. Il y en a une que l'antiquité nous a transmise, & qui peint bien la naïveté des mœurs de ces siècles héroïques. Pénélope, après dix ans d'attente vaine, obsédée par les Princes, qui voulaient la contraindre à nommer un successeur d'Ulysse, leur promet enfin de faire un choix, dès qu'un voile tissu & brodé de ses mains serait achevé ; elle travaillait avec activité en leur présence , mais elle défaifait la nuit l'ouvrage du jour. Son efprit, tout ingénieux qu'il était en reffources, les épuifa enfin, & elle allait fuccomber à fa deftinée, quand Ulyffe parut.

Ce Prince avait engagé le Roi de Corcyre à lui donner un vaiffeau & des foldats pour remonter fur fon trône; arrivé à Ithaque, il fait preffentir ceux de fes fujets dont le zèle lui était connu, fe découvre à Télémaque fon fils; & tandis que les Princes, raffemblés dans fon propre palais, s'y arrogeaient les honneurs de Souverains, il les inveftit avec fes fatellites, & les maffacre tous: c'eft en marchant fur les corps fanglans de tant de victimes, qu'il arriva jufqu'à Pénélope.

Malgré les apologies ingénieufes d'Homère, il eft évident que l'horrible vengeance qu'Ulyffe tira des amans de Pénélope, était un crime: la morale févère de la nature eft, à cet égard, un guide plus fûr que la morale relàchée des Poëmes

épiques. Auſſi les peuples, à la vue de
tant de ſang répandu, ſe ſoulevèrent, &
ſi Mentor, qui avait le plus grand aſcendant ſur l'eſprit de ſes concitoyens, ne
les eût déſarmés, le trône était perdu pour
Ulyſſe, & peut-être pour ſa maiſon.

Du moment où le Roi d'Ithaque n'eut
plus de villes à prendre, & de grandes
perfidies à tramer, il devint obſcur; on
ignore juſqu'à l'époque de ſa mort. Une
conjecture ſur un texte d'Homère, ferait
ſoupçonner qu'il fut tué par Télégone
un de ſes bâtards, qu'il avait eu de la
magicienne Circé, & ce fut, dit-on, le
haſard ſeul qui donna lieu à ce parricide.

Pour Télémaque, quoique devenu, de
nos jours, le héros d'un Poëme épique, il
n'a pas laiſſé plus de traces dans l'hiſtoire.
Tout ce qu'on ſait, c'eſt qu'il épouſa la
belle Nauſicaa, fille du Roi des Phéaciens, la même qu'Homère nous peint
blanchiſſant ſes robes de ſes mains royales, à une fontaine publique, n'ayant de
ſauve-garde, pour ſa pudeur, que ſon

innocence & la vertu de ses concitoyens. Nausicaa, devenue femme de Télémaque, eut un fils nommé *Perseptolis*, c'est-à-dire *destructeur de villes*. Ce destructeur de villes ne parut à aucun siége, n'est cité dans aucun monument, & on doute même s'il a jamais hérité du trône de Télémaque.

HISTOIRE PRIMITIVE

DES

MONARQUES DE LYDIE.

Troye est tombée, ses destructeurs même ne sont plus ; désormais l'Asie mineure n'a plus de rôle à jouer dans l'histoire, si ce n'est par cette Monarchie de Lydie, dont le faste étonna l'Orient, jusqu'à ce qu'elle fut engloutie dans les conquêtes de Cyrus.

Il fallait que la population fût d'une haute antiquité dans la Lydie, puisqu'au siècle de la guerre de Troye, c'était déja une des contrées de l'Orient la plus renommée par son luxe & par sa mollesse. Un Etat passe par divers âges, comme les individus, & dès que l'histoire en montre un dans sa décadence, il faut, malgré le silence des monumens, en conclure qu'il a eu un période d'enfance, qui a été suivi de celui de la maturité.

Les Ecrivains qui ont attribué la civilisation de cette partie de l'Asie mineure à Séfostris, ont bouleversé toutes les notions philosophiques sur la filiation des peuples, & sur la théorie du globe. L'Egypte des Pharaons, sans arts, sans guerriers, sans marine, n'a pas plus conduit des colonies dans l'empire de Crésus qu'à la Chine. Au reste, toutes ces rêveries systématiques, ont pour base une des plus grandes absurdités que la crédulité moderne ait fait naître, c'est-à-dire, la conquête du monde par Séfostris.

La Lydie fut peuplée originairement par la Phrygie ; il y a, à cet égard, un concert admirable entre nos principes philosophiques sur la géographie du globe, & l'histoire des Dieux & des Rois de l'Asie mineure.

La grande Phrygie, placée au centre de sa vaste péninsule, & à égale distance de la Méditerranée & du Pont-Euxin, dut, comme nous l'avons vu, être la première région de l'Asie mineure, où l'homme pût se créer une patrie, après la retraite des mers; aussi ses peuples se disaient ils les *premiers nés de la terre*, & l'Egyptien lui-même, malgré son système superbe d'antériorité, confondu par la fameuse expérience de Psammitique, fit grace à cette Puissance rivale, de la croire née avant le sol qui porte les pyramides.

Quand les Phrygiens se virent gênés sur leur plateau, par une population excessive, ils envoyèrent des colonies autour d'eux, peupler les régions que la mer abandonnait successivement, & telle est la seule origine raisonnable de l'Empire de Lydie.

L'histoire vient à l'appui de nos recherches. Toute l'antiquité dépose que la Lydie, dans les tems primitifs, s'appella Méonie, & ce nom lui vient de Méon, un des Législateurs de la Phrygie (*a*). Ces

---

(*a*) Euseb. *Præpar. Evangel.* cap. 4, *de Phrygum Theologiâ.*

origines font d'autant plus exactes, que nous favons, par les annales Phrygiennes, que Cybèle, fille de Méon, époufa Atys, tige de la maifon des Atyades, qui régna en Lydie.

La Métropole donna à fa colonie, non-feulement des Rois, mais encore des Dieux. C'eft d'elle, en particulier, que les Lydiens tirèrent le culte de Cybèle, ce culte de fang, que des Prêtres adroits propagèrent en Grèce & en Italie, & delà dans toute la partie du globe dont Rome fe fit la capitale.

Nous avons épuifé, dans le volume précédent (*a*), tout ce que l'antiquité nous a tranfmis fur la vie de Cybèle, fur fes amours avec Atys, fur fon mariage avec Marfyas, & fur fon apothéofe, & la mémoire en doit être trop récente, pour que nous nous permettions d'y revenir, même par la voie de l'analyfe.

(*a*) *Hiftoire de la Grèce*, tome 2, pag. 47.

Aᴛʏs. — Ce gendre de Méon (*a*) ne fut point tué, comme le fait entendre Eusèbe, par le Prince dont il avait séduit la fille ; il ne se rendit point Eunuque, comme le dit Arnobe, l'interprète d'une autre tradition sacerdotale ; il s'enfuit tout simplement de la Phrygie, pour se dérober au courroux de son Souverain ; & comme, par son mariage avec Cybèle, il s'était fait un grand parti dans la Lydie, il réussit à la soulever, & à s'y créer un Etat indépendant : il est probable que la

---

(*a*) *Hérod*, lib. 1 ; Denys d'Halicarnasse ne le fait que son petit-fils ; il suppose que Méon (qu'il appelle Manès) épousa Callirhoë, fille de l'Océan, en eut Cotys, père d'Atys, qui régna avant lui en Lydie. *Antiq. Rom.* lib. 1. Cette seconde tradition ne s'accorde point encore avec une autre de Diodore. *Histor. Univers.* lib. 3. Il est impossible à la Philosophie de découvrir la vérité dans ce chaos de contradictions. Si nous avons adopté l'opinion d'Hérodote, c'est qu'il est tout simple de supposer Atys la tige de la maison royale des Atyades.

grande beauté de ce Prince contribua beaucoup au choix des peuples ; chez des hommes voifins de la nature , c'eft par les qualités phyfiques qu'on arrive au commandement , parce qu'elles font les fignes les moins fufpects de la fupériorité.

Le règne d'Atys, en Lydie, n'eft guères connu que par une des fables les plus étranges qui ait jamais deshonoré les ouvrages d'Hérodote ; fuivant ce prétendu père de l'Hiftoire, la Lydie, mal cultivée par les fujets d'Atys, fut affligée d'une famine qui dura vingt-huit ans ; on confulta les oracles qui gardèrent le filence , parce que leurs interprètes eux-mêmes mouraient de faim. Dans cette extrémité , le gouvernement imagina d'engager le peuple à ne manger que de deux jours l'un , & pour le diftraire fur fon appétit , le jour de l'abftinence , il inventa , en fa faveur , la longue paume , les dés & les offelets. Les Lydiens jouè-rent , & oublièrent , pendant ce tems-là , qu'ils avaient faim. Cependant , l'expédient des Légiflateurs n'attaqua pas le mal dans fa racine ; le fléau, après dix-huit ans de durée, était plus actif que jamais. Le Miniftère d'Atys, qui n'avait plus de jeux à imaginer pour nourrir la multitude, fongea à diminuer les confommations, en déchargeant l'Etat de la moitié de fes citoyens ; on équippa une flotte que Tyrhénus, fils du Roi, monta avec les exilés ; elle fit voile vers l'Italie, & alla fonder une fouveraineté dans la Tofcane.

Lydus. — Ce fils d'Atys n'eft connu que pour avoir donné fon nom à la Lydie, qui méritait d'avoir un Souverain moins obfcur à la tête de fes annales.

Atiame. — Ce Prince, fuivant une tradition qui n'eft rien moins qu'authentique, fit partir un de fes généraux à la tête d'une armée, qui traverfa en conquérant l'Afie mineure, fe rendit maître d'une partie de la Syrie, & y fonda la ville d'Afcalon. On le fait contemporain du Tantale, Roi de Sipyle, qui enleva Ganymède (*a*).

ALCIME (*b*). — Après des defpotes infenfés, des conquérans ou des ftatues, nous trouvons enfin un Roi. Alcime méritait d'avoir un grand Empire à gouverner ; il uniffait (chofe rare dans un Souverain) les vertus aux lumières ; il encouragea l'agriculture, la marine & les arts, établit des loix fages qui empêchaient les fujets d'ébranler le trône, & le trône d'ufurper fur la propriété des fujets ; & fous fon règne, la Lydie fut la République de Platon. On ne lit point fans attendriffement, le récit de ce que firent les Lydiens, pour prouver leur fenfibilité à leur bienfaiteur ; ils s'affemblè-

---

(*a*) Suidas, *Lexicon*, au mot *Akiamos*.

(*b*) Un texte d'Athénée ferait croire qu'un Adramys ou Hermon fuccéda à Atiame. Toute cette nomenclature ftérile, fondée fur des témoignages fufpects, importe affez peu à une hiftoire raifonnée du genre humain.

rent extraordinairement la feptième année de ce règne philofophique, & demandèrent aux Dieux qu'ils confervâffent longtems fur la terre leur image ; au refte, cette nation avait une trop haute idée des Dieux qu'elle adorait. Ces Dieux, que les Prêtres de Cybèle avaient créés vains comme eux, jaloux & atroces, loin de fe faire repréfenter par Alcime, auraient dû eux-mêmes être fon image.

Camblitas. — Le trône, après Alcime, fe trouve occupé par une efpèce de Vitellius, homme en proie à une faim vorace, qui ne régna que pour manger ; il fallait que cette faim infatiable fût accompagnée d'accès de rage, car on dit qu'une nuit, dormant à côté de fa femme, il la dévora prefque toute entière fans s'en appercevoir (a) ; à fon réveil, il vit les effets terribles de fon délire, & s'en punit en fe donnant la mort.

(a) Athén. *Deipnofoph.* lib. 10.

Tmolus. — Ce Prince , qui probablement n'était pas de la branche aînée des Atyades , épousa Omphale ; on le représente joignant le despotisme de système , au goût effréné pour les plaisirs. Un jour, il rencontra, à la chasse, une jeune Lydienne , qui joignait les graces à la beauté ; il voulut la séduire , & l'infortunée , qui craignait les suites fatales de la passion d'un Roi , se déroba à ses embrassemens , & alla chercher un asyle dans un temple de Diane, qui se trouvait dans l'enceinte de la forêt. Tmolus, que la résistance rendait encore plus ivre d'amour, suivit sa victime , & la viola aux pieds même des autels. La Lydienne, outragée comme la Lucrèce de Rome , se poignarda comme elle , pour ne point survivre à son opprobre. Pour Tmolus, il n'eut pas le tems de s'enorgueillir de son crime ; un taureau qu'un pâtre avait irrité, l'enleva, & le fit tomber sur des pieux qui l'empalèrent. La Lydie crut que le Ciel vengeait , par cette mort cruelle , le

viol de fa Lucrèce, & jamais la philofo-
phie n'aurait fongé à la défabufer.

OMPHALE (a). — Il y a une tradition
Orientale fur cette Reine de Lydie, qui
ne fait pas honneur à fes mœurs, ni à
celles de fa nation; les grands, dit-on,
énervés par le luxe, & appellant une
imagination dépravée au fecours de leurs
fens éteints, s'étaient formés un ferrail
commun, où ils raffemblaient toutes les
femmes qui avaient le malheur de leur
plaire; Omphale fe trouva du nombre;
elle féduifit d'abord tout le monde par
les grâces de fa figure, & les charmes de
fon efprit lui affurèrent fes conquêtes. Il
eft probable que Tmolus goûta Omphale,
& que foulant aux pieds toute décence,
il la tira du rang des proftituées, pour la
faire affeoir fur fon trône. Cet excès d'avi-
liffement, de la part du Prince, prouve

____

(a) *Apollod.* lib. 2; *Diod. Sicul.* lib. 4;
Euftathe, Athénée, &c.

jusqu'à quel point la nation elle-même
était dégradée.

Tmolus mourut, & sa couronne passa
à Omphale ; les grands ne réclamèrent
point , persuadés qu'ils gouverneraient
sous une femme que leur corruption avait
tirée de la poussière ; ils se trompèrent ;
Omphale , devenue Reine , monta un
moment son esprit à la hauteur de son
rang ; & loin de protéger les complices
de son libertinage , elle ne songea qu'à
les en punir ; on dit (& je suis loin de
me rendre garant d'un pareil fait) on dit
que pour donner un grand exemple à la
Lydie , elle rassembla , dans le même
serrail qui avait été témoin de ses désordres , les filles des grands qui les avaient
provoqués , & qu'elle les prostitua aux
plus vils de ses esclaves ; comme si les
attentats contre les mœurs , s'expiaient en
les outrageant !

L'Hercule Thébain , comme nous
l'avons vu , dans la vie de ce héros , se
laissa vendre à Omphale , délivra ses États

des brigands qui l'infestaient, & finit par l'épouser.

On croit que la courtisanne couronnée, finit sa carrière comme elle l'avait commencée ; elle offrait ses faveurs à tous les étrangers qui venaient à sa Cour, & pour anéantir la trace de ses désordres, elle les faisaient mourir après en avoir joui. Ces assassinats transpirèrent ; il y eut une conspiration, & l'épouse d'Hercule, isolée, tremblante, loin du héros qui pouvait la protéger, y perdit la vie.

PYLEMÈNE. — Quelques Historiens croyent que ce Prince, fils de Tmolus & d'Omphale, régna à cette époque ; d'autres, fondés sur le témoignage de l'Iliade, supposent que la Lydie, vers ces tems-là, fit partie de la vaste Monarchie de Priam. En effet, Homère, qui parle de Mesthlès & d'Antiphus, Généraux des troupes Lydiennes, ne donne point à ces fils de Pylemène, le titre de Rois, quoique d'ailleurs il en soit très-prodigue ; cette dernière opinion acquiert le sceau de l'évidence, quand on obferve le filence profond de l'hiftoire fur tous les fuccef-feurs d'Omphale, jufques vers le tems de la prife de Troye ; la Lydie, durant tout cet intervalle, ne méritait pas d'occuper les regards, parce qu'elle n'était plus à elle-même. Nous allons voir fa Monarchie renaître de fes débris, par un moyen terrible, c'eft-à-dire, par la conquête des Héraclides.

HISTOIRE DES ROIS LYDIENS,

DE LA DYNASTIE DES

HÉRACLIDES (a).

Agron. — Le père de ce Prince était arrière petit-fils d'Hercule & d'une esclave d'Omphale, que le héros avait séduite, avant d'être reconnu pour le fils de Jupiter. Agron s'empara, à main armée, de la Lydie, qu'il appellait le patrimoine de ses ancêtres, & quand son ambition fut satisfaite, afin de mettre son trône à l'abri des révolutions, il eut l'adresse de faire légitimer sa conquête, par le suffrage des oracles.

Vingt - deux Héraclides , au rapport

(a) *Herod.* lib. 1 ; Eusèb. *Canon Chronic.* Excerpt, *ex Nicol. Damase.*

d'Hérodote, se succédèrent sans interruption de père en fils, & régnèrent paisiblement dans la Lydie, dans une intervalle de 505 ans. Ces règnes furent d'autant plus obscurs, qu'ils furent plus paisibles ; aussi l'histoire ne nous a transmis les noms que des quatre derniers ; tous les autres sont abandonnés aux conjectures de la chronologie.

Au reste, cette partie des annales Lydiennes d'Hérodote, n'est rien moins qu'authentique ; Héraclide, qui se croyait bien mieux instruit que le père de l'Histoire, coupe tous ces règnes sans noms, par le récit d'une révolution bien étrange. Le despotisme, dit-il, était sur le trône, & la Lydie, écrasée, consulta l'oracle, qui lui enjoignit de chercher dans la ville de Cumes, un Roi libérateur ; les peuples se tourmentent pour deviner le sens de l'oracle, & enfin on découvre que le sage désigné par les Dieux, est l'esclave d'un charron. Les Lydiens, qui aimaient encore mieux un esclave qu'un tigre, pour maître, affranchiffent à l'inftant leur futur Monarque, & le prient de fe rendre dans fes Etats; malheureufement, un citoyen de Cumes, à qui ce favori des Dieux avait promis de livrer un char, ne voulut point le laiffer partir, qu'il n eût rempli les conditions de fon traité Les Ambaffadeurs eurent beau faire briller l'or à fes yeux pour le féduire, il refta inflexible. Cet homme fingulier répondait toujours, qu'il voulait poffeder un char, auquel aurait travaillé un Roi de Lydie. Le char fut en effet achevé, & l'efclave couronné prit le chemin de la Lydie. Le dénouement de cette hiftoire eft très-morale, & je regretterais beaucoup que ce ne fût qu'un apologue.

Eusèbe nous a confervé les noms des quatre derniers Héraclides, c'eft ARDYS, HALYATTE, MELES & CANDAULE. Ardys monta fur le trône la première année de la première Olympiade, & régna trentefix ans; le fecond n'eft connu, ni par fa vie, ni par l'époque de fa mort. Meles

eſt un des Rois dont parle Hérodote ;
c'eſt lui qui bâtit la citadelle de Sardes ;
ce Prince appéſantit ſur ſes peuples le
joug du deſpotiſme ; ceux-ci, après avoir
long-tems gémi en ſilence, ſe ſoulevèrent,
& chaſsèrent du trône le tyran qui le dégradait. MYRSOS (*a*), le chef des rebelles
le remplaça, ſuivant l'uſage des Empires
ſoumis au pouvoir abſolu, & la Lydie
reſpira un moment. Le nouveau Monarque, qui, d'ailleurs, était né auſſi féroce
que Meles, eut la politique de ne déployer ſon caractère terrible que contre
des étrangers ; ayant appris qu'il y avait
dans l'Aſie mineure une ville de Crabos,
(d'ailleurs inconnue aux Géographes)
dont les habitans faiſaient profeſſion ouverte d'athéïſme, il en fit le ſiége, la
prit d'aſſaut, & noya dans un lac voiſin,

______

(*a*) Ce Myrſos d'Euſèbe & d'Hérodote, eſt appellé Moxus dans Nicolas de Damas ; ſi cependant
c'eſt le même Prince, ce qui n'eſt rien moins
que prouvé.

tout ce qui avait échappé au fer de ses
soldats. Ce Prince fut regardé comme un
homme pieux, par les Prêtres de la Lydie.

Eusèbe ne compte point Myrsos dans
la dynastie des Héraclides, sans doute,
parce que Meles lui survécut; il se con-
tente de dire, que ce dernier régna douze
ans, & qu'il fut remplacé par Candaule,
fils de Myrsos. Nous allons nous arrêter
un moment sur ce Candaule, devenu si
célèbre par les Fables d'Hérodote & les
Contes de la Fontaine.

DE LA

FABLE GRECQUE,

SUR LA FEMME DE CANDAULE, ET L'ANNEAU DE GYGÈS.

L ES Grecs, avec leur imagination brillante, ont toujours aimé les fables & il faut avouer qu'il y en a de bien ingénieuses dans leur théologie Hérodote, qui connaissait bien son siècle, en sema de tems en tems dans son histoire afin de tempérer l'aridité des annales des premiers âges ; aussi son livre fut-il très bien accueilli ; & comme on croyait que le Poëte y avait travaillé autant que l'Historien, on donna aux neuf livres qui le composent, le nom des Neuf Muses.

C'est dans sa première Muse , que se trouve l'histoire merveilleuse de Candaule & de Gygès. J'imagine que les Grecs , un peu instruits , dûrent sourire un peu, quand l'Auteur leur lut, pour la première fois, ce conte Oriental , dans l'assemblée des jeux Olympiques. Le voici dans toute la simplicité Grecque ; il servira à faire connaître la trempe de l'esprit humain , au siècle d'Hérodote (a).

» Il y avait autrefois, en Lydie, un Roi » nommé Candaule , si amoureux de sa » femme , qu'il la regardait comme la » plus parfaite de l'Asie ; son éloge était » sans cesse dans sa bouche ; il en impor- » tunait sur-tout Gygès , un de ses gardes, » qui avait toute sa confiance. Un jour , » ce Prince , conduit par sa mauvaise » étoile, fit venir son favori ; *Gygès* ,

***

(a) Hérod. lib. 1 , ou *Clio* ; la traduction est fidèle, quoique les périodes verbeuses de l'Historien soient abrégées.

» lui dit-il, *je te crois incrédule sur la*
» *beauté de la Reine ; mais comme le té-*
» *moignage des yeux est moins suspect*
» *que celui des oreilles, je veux te con-*
» *vaincre, en l'exposant toute nue à tes*
» *regards.* Cependant Gygès ne se ren-
» dait point ; *y pensez-vous, Seigneur,*
» répondit-il, *de me montrer cette beauté*
» *sans voile ; ignorez-vous que toute*
» *femme dépose sa pudeur avec ses vête-*
» *mens..... Daignez ne me commander que*
» *des choses, dont ni vous, ni moi,*
» *n'ayons à rougir.* Ainsi Gygès résistait,
» se doutant qu'un jour on le punirait de
» sa témérité ; mais le Roi était absolu.
» *Rassure toi,* reprit-il, *je ne veux, ni*
» *t'éprouver, ni t'exposer au courroux de*
» *la Reine ; l'épreuve sera secrette ; je te*
» *ferai cacher derrière une porte, qui com-*
» *munique à mon appartement ; tu verras*
» *la Reine se deshabiller elle-même, &*
» *ôter le dernier voile qui couvre ses*
» *charmes, & comme elle le fait avec*
» *lenteur, tu auras tout le loisir de con-*

» *templer ses graces, & de les ap-*
» *précier* «.

» Gygès vit bien que le despote vou-
» lait être obéi, & il céda. La nuit venue,
» Candaule le plaça lui-même dans le
» poste désigné, & quand ce favori eut
» rassasié ses yeux coupables, du spec-
» tacle qu'on lui offrait, il se retira, mais
» avec assez peu de précaution pour être
» apperçu ; la Reine interrogea son mari,
» qui lui avoua tout avec franchise ; celle-
» ci dissimula son dépit, afin de se venger
» plus sûrement. A la pointe du jour,
» Candaule étant retiré, elle place dans
» son appartement quelques esclaves,
» dévoués à ses ordres, & armés ; ensuite
» elle fait venir le favori ; *Gygès*, lui
» dit-elle, *je connais ton attentat, il ne*
» *te reste que deux moyens pour l'expier ;*
» *je t'en abandonne le choix ; il faut que*
» *tu meures à l'instant, ou que par le*
» *meurtre de Candaule, tu t'assures la*
» *possession de son trône & de sa femme.*
» L'alternative était terrible ; mais Gygès

» préféra fon falut à la vie de Candaule...
» La nuit fuivante , la Reine conduifit
» elle - même Gygès derrière la porte
» fatale , l'arma d'un poignard , & fe
» coucha ; à peine le Prince était-il en-
» dormi , que le Lydien fort de fon
» pofte, approche du lit en tâtonnant,
» & égorge Candaule. Ce crime lui valut
» la main de la Reine , & la couronne
» de Lydie «.

Je ne fuis point étonné qu'un Hérodote faffe des contes, que le parterre des
Jeux Olympiques s'y méprenne, & que
le troupeau fervile des Hiftoriens les
copie de bonne-foi ; mais comment le
grave Platon, dans fa *République*, a-t-il
tiré de l'oubli une autre tradition fur
Candaule & Gygès, encore plus étrange,
en ce qu'elle joint à l'invraifemblance
de l'évènement, le merveilleux des prodiges ? Ecoutons, dans le portique d'A-
thènes, le difciple de Socrate (*a*).

____

(*a*) *De Republ.* lib. 2 ; la fcène eft entre

» Gygès était berger du Roi de Lydie;
» un jour   après un orage affreux, la
» terre s'entrouvit, à l'endroit même où
» il faisait paître ses troupeaux; revenu
» de la surprise, où cet évènement,
» d'abord, l'avait jetté, il osa descendre
» dans l'ouverture, & vit, parmi d'autres
» spectacles merveilleux, un cheval d'ai-
» rain colossal, aux flancs duquel était
» une porte; sa curiosité le presse encore
» plus vivement; la porte s'ouvre, & il
» apperçoit un cadavre entièrement nud,
» qui semblait, par sa taille, avoir ap-
» partenu à un être supérieur aux hommes;
» le squelette portait au doigt un anneau
» d'or, Gygès le prit, ensuite il se retira;
» quelque-tems après, le berger vint dans
» l'endroit où les pâtres de son village
» étaient rassemblés, portant au doigt
» son anneau, & s'assit parmi eux; il
» tourna, par hasard, le chaton de la

Glaucus & Socrate : c'est le premier qui conte
l'histoire.

» bague en dedans de la main , & auffi-
» tôt il devint invifible ; ce qui l'en fit
» appercevoir , c'eft qu'il entendit parler
» de lui , comme s'il était abfent. Etonné
» d'un pareil prodige , il remit le chaton
» en-dehors , & fut revu par les pâtres.
» Ces expériences furent répétées plufieurs
» fois , & le réfultat fut toujours le même.
» Gygès chercha alors à tirer parti de fon
» anneau ; il fe fit nommer pour aller à
» la Cour , rendre compte à Candaule
» de l'état de fes troupeaux ; fon invifi-
» bilité lui fervit à féduire la Reine , &
» celle-ci l'ayant aidé à tuer fon époux ,
» il s'empara de fa couronne «.

Platon était né pour être Poète ; on le
voit par les contes charmans dont il a
embelli fa *République* , par fa fable de
Crantor , & fur - tout par cette bague de
Gygès , qui a fervi dans la fuite de mo-
dèle à l'anneau enchanté de la Reine du
Catay , dans les Poëmes ingénieux du
Boyardo & de l'Ariofte.

Mais des contes , fuffent-ils de Platon

ou d'Homère, font une faible autorité en hiftoire ; il faut, à la raifon des hommes murs qui la lifent, des alimens plus folides que ces riens frivoles & brillans, dont on berce l'imagination oifive des enfans & des femmes.

Plutarque, d'un coup de plume, détruit tout l'édifice aërien de Platon & d'Hérodote. Voici, fuivant ce Philofophe, la manière dont s'opéra la révolution qui détrôna Candaule (*a*). Gygès était une efpèce de Satrape, que fon ambition avait rendu fufpect au Roi de Lydie ; la crainte d'être dépoffédé, l'engagea à fe liguer avec Arfelis, Souverain d'un petit Etat, dans la Carie ; quand il fe vit affez puiffant pour faire la loi à fon maître, il arbora ouvertement l'étendart de la révolte. Candaule marcha contre lui, mais fon armée fut taillée en pièces, & il périt lui-même, fur le champ de

---

(*a*) Œuvres Morales. *Queftions Grecques.* Queft. XLV.

bataille. On trouva , dans le butin , la hache qu'Hercule avait rapportée de son expédition contre les Amazones , & qu'il avait laiſſée , comme une eſpèce de Palladium , aux Rois , ſucceſſeurs d'Omphale ; cette hache fut tranſportée , à Milazze , dans la Carie , & placée , au lieu de foudre , dans la main d'une ſtatue de Jupiter.

Candaule fut le dernier Roi de la maiſon des Héraclides. Gygès , qui lui ſuccéda , fut la tige d'une autre dynaſtie , qu'on appella la dynaſtie des Mermnades.

DES
ROIS LYDIENS,
DE LA DYNASTIE DES
MERMNADES.

Gygès. — Le mot de *Gygès*, dans la langue Orientale, signifie *beau* ; au travers de tous les nuages répandus sur la révolution qui lui donna le trône de la Lydie, on voit assez que sa beauté servit à son ambition, autant que sa ligue avec le Roi de Carie ; il est probable qu'il plut à la femme de Candaule. Il n'est pas besoin, à cet effet, de l'anneau enchanté de Platon, & l'amour fut la seule magie qu'il employa pour la séduire. Ce Pâris de la Lydie, après la défaite de Candaule, épousa son Hélène, qui lui porta en dot sa couronne.

Cependant, la postérité des Héraclides, ne crut pas que la beauté d'un Satrape, fût un titre pour lui enlever une couronne, dont elle était en possession depuis cinq cents ans ; on leva, de part & d'autre, de grandes armées ; le sang des peuples était sur le point de couler, pour légitimer la mort du stupide Candaule, ou pour la venger, lorsque des sages proposèrent de remettre la décision de cette querelle, au jugement des oracles ; cet expédient, le moins coupable de ceux que la superstition met en usage, parce qu'enfin il fait rentrer l'épée des conquérans dans son fourreau, fut adopté. Dans l'intervalle, Gygès acheta, à prix d'or, le suffrage de la Pythie de Delphes, & son droit, au trône de Candaule, fut reconnu.

Gygès, tranquille du côté des Héraclides, ne congédia point son armée ; il crut en avoir besoin, pour prévenir les conspirations, ou les révoltes ; mais pour colorer son machiavélisme, il prétexta la gloire des conquêtes. Comme la ville de

Milet était à sa bienséance, résolu d'en aggrandir sa Monarchie, il lui déclara la guerre, & la força de lui payer tribut. Les Milésiens, protégés depuis par ce Roi de Lydie, en obtinrent la permission de bâtir la ville d'Abydos, dans la Troade (*a*).

Toutes les expéditions militaires de Gygès, ne furent pas aussi glorieuses; il fut battu, sous les remparts de Smyrne, qu'il voulait prendre d'assaut, & obligé d'en lever le siége.

Sa dernière guerre fut contre les habitans de Magnésie (*b*); le sujet en était bien frivole; il s'agissait de venger un Poète, que des maris jaloux avaient insulté, parce qu'il avait séduit leurs femmes. Gygès, dont le Poète, dans ses vers adulateurs, avait, sans doute, consacré les usurpations, vint mettre le siége

______

(*a*) Strab. *Geograph.* lib. 13.
(*b*) *Excerpt.* ex Nicol. Damase.

devant Magnésie, & la força, malgré sa longue résistance, à subir le joug de la Lydie.

Ce chef de la dynastie des Mermnades, de retour à Sardes, eut le bonheur de découvrir, dans ses Etats, des mines fécondes, qu'il fit exploiter, & qui le rendirent, en peu de tems, le Monarque le plus opulent de l'Asie mineure (*a*).

Tranquille, sur le trône qu'il avait usurpé, redoutable à ses voisins, en état, par ses richesses, de satisfaire des desirs toujours renaissans, il semblait que rien ne manquait au bonheur de Gygès : il s'avisa de consulter un oracle (*b*), pour savoir s'il existait, sur la terre, un homme plus fortuné que lui ; la Pythie, contre son ordinaire, fit une réponse philosophique, digne de Marc-Aurèle ; elle lui nomma Aglaüs, l'homme le plus inconnu

---

(*a*) Strab. *Geograph.* lib. 14.
(*b*) *Valer. Maxim.* lib. 7, cap. 1.

du Péloponèfe ; cet Aglaüs était un pâtre de l'Arcadie, vivant fans defirs & prefque fans befoins, du produit de l'héritage de fes pères. Gygès rougit du parallèle, & ceffa de confulter les oracles.

Au refte, la Pythie avait raifon ; les mœurs du Roi de Lydie étaient trop dégradées, pour qu'il pût prétendre à ce bonheur, pur & inaltérable, que la vertu & la paix avec foi-même peuvent feules procurer. C'eft lui qui, par un raffinement de volupté, pour conferver la taille de la beauté dont il était épris, imagina le moyen de la rendre ftérile ; il avait, auparavant, tiré de la fange une proftituée, pour lui faire partager fon trône, & quand elle mourut, il lui érigea un monument, dont la magnificence ne pouvait attefter aux fiècles que fa frénéfie : il était connu, fous le nom du *tombeau de la courtifanne* (a).

(a) Strab. *Deipnofoph.* lib. 12 & 13.

Eusèbe donne à Gygès un règne de trente-six ans, qu'Hérodote prolonge jusqu'à trente-huit. Ses peuples lui érigèrent un mausolée, dans le voisinage du mont Tmolus, qui dura moins que celui de la courtisanne.

ARDYS (a). — Ce Prince commença son règne comme son père, par des conquêtes; il assiégea la ville de Priène, la prit, & la força de faire partie de sa Monarchie Son armée victorieuse se présenta ensuite devant Milet, qui était sur le point de subir le joug, quand des Cimmériens, chassés de l'Asie par les Scythes Nomades, firent une irruption dans la Lydie; le Monarque, pour sauver ses propres Etats, leva le siége, & vint au-devant des barbares; mais ceux-ci furent vainqueurs; Ardys se renferma dans les remparts de Sardes, sa capitale, & lorsqu'il la vit au pouvoir de l'ennemi,

______

(a) *Hérod.* lib. 1, & *Strab.* lib. 14.

il se sauva dans la citadelle. Il est probable, qu'à cette époque, il capitula avec
les barbares, car on voit ce Prince mourir
sur son trône, après quarante-neuf ans
de règne, dont il faut retrancher douze,
quand on adopte les opinions d'Eusèbe,
& sa chronologie.

SADYATTE (*a*). — L'histoire représente ce fils d'Ardys, comme un second
Gygès; on a oublié de nous transmettre
ses exploits, mais non son inconstance;
il avait une sœur mariée, dont il devint
épris, & n'ayant pu la séduire, il l'enleva
au milieu de la pompe d'un sacrifice, la
deshonora, & lui offrit ensuite la moitié
de son trône. Alyatte naquit de cet inceste; on donne tantôt douze ans de
règne, tantôt quinze, à ce nouveau
Gygès.

(*a*) *Herod.* lib. 1 ; *Excerpt. ex Nicol.
Damasc.* ; Euseb. *Chronic.* Ces mêmes Ecrivains feront nos guides dans le règne d'Alyatte.

ALYATTE. — Voici un vrai conquérant ; il en a la valeur, la perfidie & la férocité On pourrait le mettre en parallèle avec Cyrus, s'il avait conçu un plan plus vaste de destruction & qu'au lieu de prendre des villes, il eût cherché à envahir les trônes, & à renverser les Monarchies.

La première expédition militaire d'Alyatte, ne fut point heureuse. Il faisait le blocus de Milet, & ses troupes ayant mit le feu à des champs de bled, vers le tems de la moisson, l'incendie, devenu plus actif, par un vent impétueux, gagna jusqu'à un temple de Minerve, qui fut réduit en cendres. Le hasard voulut que vers ce tems-là, ce Prince tomba malade, sa superstition en fut allarmée ; il consulta l'oracle de Delphes, qui, comme on s'en doute bien, fit dépendre sa guérison de la réparation du sacrilége. Alyatte préféra une guérison sûre à une gloire incertaine : il leva le siége de Milet, bâtit deux temples au lieu d'un, & dans l'intervalle , il recouvra la fanté , évènement dont il fit honneur , fuivant l'ufage , non à la nature , mais aux oracles.

Alyatte commença les exploits qui l'ont rendu célèbre par la grande victoire qu'il remporta fur les Cimmériens, les mêmes qui s'étaient emparés de la plus grande partie de la Lydie , fous le règne de fon père. Ce fut un vrai fervice qu'il rendit à l'Afie mineure entière, que ces barbares infeftaient de leurs brigandages ; malheureufement , nous ne connaiffons lés détails de cette expédition, que par une fable de Polyen (a). A croire ce compilateur, la nature s'était oubliée dans l'organifation des Cimmériens , & s'ils n'avaient pas été bipèdes, on les aurait pu ranger dans la claffe des bêtes féroces ; Alyatte profita de cette difformité des barbares, pour imaginer un fingulier ftratagême; il plaça , fur la

---

(a) Lib. 7 , cap. 2.

première ligne de son armée, des chiens de chasse vigoureux, qui, trompés par la ressemblance des Cimmériens avec les monstres des forêts, s'élancèrent sur eux, & rompirent leurs bataillons. Il fallait que Solyen comptât beaucoup sur la crédulité Romaine, pour se rendre garant de ce conte Grec, né de la crédulité du siècle de Cyrus.

Smyrne, après la défaite des Cimmériens, subit le joug du conquérant, & fut annexée à la couronne de Lydie.

Colophon eut le même sort que Smyrne, mais ce fut grâce à une perfidie. Cette ville avait un corps de cavalerie formidable, qui veillait à la sûreté de ses remparts. Alyatte lui promit une double paie, s'il voulait entrer à son service; le traité fut accepté; mais, quand il s'agit d'acquitter sa dette, l'abominable despote, qui avait attiré ces mercenaires dans Sardes, au lieu de les satisfaire, les fit égorger. C'est ainsi que Colophon entra sous le joug des Rois de Lydie.

. L'expédition la plus mémorable d'A-
lyatte, est celle où il eut à combattre les
Mèdes, mais, pour s'en faire une idée
juſte, il faut ſe rappeller une tragédie
ſanglante, qui fait partie de l'hiſtoire de
l'ancienne Monarchie d'Ecbatane.

Des Scythes differens de ceux que
Madyes fit ſortir des Palus Méotides,
& qui tinrent, pendant huit ans, l'Empire de l'Aſie, étaient venus implorer en
Médie, la protection de Cyaxare ; ce
Prince accueillit les barbares, & leur confia
l'élite de la jeuneſſe Mède, deſirant qu'ils
inſtruiſiſſent leurs élèves des élémens
de la langue Scythe, & qu'ils leur ap-
priſſent leur gymnaſtique. Ces étrangers
allaient tous les jours à la chaſſe, reve-
naient chargés de gibier, & en appor-
taient les prémices aux pieds de l'Empe-
reur Mède ; ils négligèrent une fois cet
acte de déférence ; alors le deſpote leur
fit les reproches les plus outrageans, &
pour ſe venger, ils maſſacrèrent leurs
élèves, en ſervirent la chair préparée

en forme de venaifon à Cyaxare, & s'en-
fuirent en Lydie.

Heureufement nous ne tenons cette
étrange anecdote, que du père de l'hiftoire, qui en fait la bafe de la chronologie
la plus erronée. Nous ne pouvons douter
que les Scythes n'ayent cherché à venger
avec éclat, quelque grande injure qu'ils
avaient reçue de Cyaxare ; mais le dénouement de cette tragédie, telle que
nous la tenons des Grecs, eft au moins
très-fufpect ; il eft, au refte, confolant
pour l'humanité, de pouvoir douter de
ces atrocités dégoûtantes, & les cœurs
fenfibles, me béniront, à cet égard, de
leur avoir fait naître des foupçons, fur
la crédulité d'Hérodote.

Ce prétendu feftin d'Atrée, fut, ajoute-
t-on, l'unique motif de la guerre entre
les Lydiens & les Mèdes ; Cyaxare demanda qu'on lui livrât les Cannibales,
qui s'étaient dérobés à fa vengeance, &
fur le refus d'Alyatte, il mit tout à feu &
à fang dans fes Etats. Cette guerre ne put

se terminer, à ce qu'on prétend, que par une éclipse. Pendant que les soldats étaient le plus acharnés au combat, une nuit totale couvrit le champ de bataille ; alors les deux Princes, qui n'étaient point Astronomes, crurent le Ciel irrité, & firent la paix. Pour la rendre plus durable, Aryénis, fille du Roi de Lydie, épousa Astyage, fils aîné de Cyaxare.

La bataille entre Alyatte & Cyaxare, mérite de nous une grande attention, à cause du phénomène astronomique qui en fixe la chronologie ; cette éclipse du soleil, dont parle Hérodote, qui dut être centrale & totale, du côté de l'Hellespont, a été calculée par nos Kepler, nos Manfredi & nos Newton, & elle tombe 2365 ans avant nous, c'est-à-dire, à l'an 997 de l'Ere de Paros, qui répond à la 1645ᵉ de celle de Callisthène.

Alyatte régnait depuis vingt ans, quand il vit sa guerre contre les Mèdes terminée par une éclipse ; il gouverna ensuite son peuple dix-neuf ans, suivant la chronique d'Eusèbe, & vingt-sept, si l'on ajoute foi aux calculs d'Hérodote.

On érigea, au conquérant, après sa mort, un mausolée, dans la forme du fameux tombeau de Ninus. La base en était une terrasse de près de 1300 pieds de large, sur environ 3600 de circonférence *a*). Ce qu'il y a de plus merveilleux, c'est que cet ouvrage fut fait, presque tout entier, par des courtisannes. Le père de l'Histoire, ne dit pas si ce fut le fruit de la vente de leurs charmes, comme faisaient les Egyptiennes, quand elles bâtissaient des pyramides.

(*a*) Hérodote dit treize pléthres de large, sur six stades & deux pléthres de tour. Le pléthre a été évalué, dans nos tables, à 15 toises 4 pieds 9 pouces & 6 lignes. Pour le stade, il est probable qu'il s'agit ici de l'Olympique mesuré par Hercule, & qui se trouve d'un peu plus de 94 toises.

HISTOIRE DE CRÉSUS,

ET RENVERSEMENT DE

L'EMPIRE DE LYDIE (a).

CRÉSUS avait trente-cinq ans, quand il succéda à son père; ce Prince commença son règne sous d'aussi heureux auspices que Priam; comme lui, il fit, par ses richesses & par son pouvoir, le destin de l'Asie, & comme lui, il vit luire le dernier jour qui éclaira sa Monarchie. Les deux Rois de la Troade & de la Lydie, se fièrent trop à cet éclat fugitif, qui accompagne d'ordinaire les Etats que le luxe a gangrénés; ils ne virent pas que cet éclat trompeur est celui du marbre des

------

(a) *Herod.* lib. 1; *Plutarch.* in vitâ Solonis, *Xénoph.* Cyrop. lib. 6 & 7.

tombeaux , qui ne renferme qu'un cadavre.

Créfus fignala fon avènement au trône, par la prife d'Ephèfe. On ne revient pas de fon étonnement , quand on voit le peu de vigueur que fes habitans mirent dans leur défenfe ; au lieu de mettre l'épée du patriotifme dans les mains de leurs guerriers , ils confultèrent leurs Prêtres ; ceux-ci perfuadèrent à leurs concitoyens , de lier , par une corde , leurs remparts avec le temple de Diane , qui en était éloigné de fept ftades , bien perfuadés que cette divinité tutélaire ne manquerait pas de protéger une ville, qui allait faire partie de fon fanctuaire. La corde fut en effet attachée , d'un côté à l'édifice facré , & de l'autre aux crénaux d'une tour. Mais Diane ne fit point de miracle ; Créfus ne s'amufa point à rompre la corde , il fit efcalader les remparts par des foldats d'élite , & entra en vainqueur dans Ephèfe.

La réduction d'Ephèfe entraîna peu-à-

peu celle de presque toute l'Asie mineure, & comme la soif des conquêtes
s'irrite par les jouissances, Crésus, maître
du continent, voulut l'être encore des
isles adjacentes : déja il avait donné des
ordres pour la construction d'une flotte,
lorsqu'un sage de la Grèce (Bias suivant
les uns, & suivant d'autres Pittacus),
lui prouva le néant de ses spéculations
politiques ; Crésus, contre l'usage des
despotes, se rendit à la raison, & son
peuple ne songea plus à avoir l'empire
des mers, avant de savoir construire un
vaisseau.

Le Roi de Lydie, revenu un peu de
ses projets chimériques de Monarchie
universelle, appella les arts dans sa capitale, & en fit le centre, sinon du bon
goût, du moins de la magnificence. Les
Grecs du Péloponèse accoururent alors
au bruit de sa renommée ; ils prirent les
élémens de la peinture, de la sculpture
& de l'architecture, dans cette Sardes,
devenue la rivale de l'ancienne Babylone,

& préparèrent ainsi le beau siècle d'A-
lexandre.

La révolution qui mit Athènes sous le
joug de Pisistrate, amena à la Cour de
Crésus jusqu'à des Philosophes. Solon,
dit-on, fut du nombre; ce grand homme,
qui ne pouvait plus faire de bien à sa
patrie, puisqu'elle avait cessé d'être libre,
s'en était exilé volontairement, & par-
courait l'Orient, pour y étudier les loix,
les mœurs & les hommes. Arrivé à Sardes,
Crésus, sur son grand nom, s'empressa
de l'accueillir, mais leur entrevue n'eut
pas le succès qu'une politique vulgaire
pouvait en attendre; ni l'un ni l'autre ne
s'entendirent, & en effet, il ne saurait y
avoir une langue commune entre le despote & le Philosophe.

Plutarque nous a conservé, dans la vie
du Législateur d'Athènes, le récit de cet
entretien célèbre, & quoique la date où
on le place, ne puisse se lier avec les
époques connues des annales de la Lydie,
cependant, comme c'est un des monu-

mens les plus précieux de l'antiquité, il
doit trouver ici sa place. Ce tableau admirable des mœurs antiques, n'a pas besoin,
pour entrer dans une Histoire des Hommes, des vains appuis de la chronologie.

Solon, dit le Philosophe de Chéronée,
n'avait aucune idée des Cours de l'Orient;
arrivé à celle de Crésus, il éprouva ce
qu'éprouve un homme né au milieu d'un
continent, qu n'ayant jamais vu la mer,
se rend non loin de ses rivages, & prend
pour elle tous les fleuves considérables qui
y ont leur embouchure. Ce sage, à la vue
d'une foule de Satrapes, vêtus avec magnificence, & marchant avec fracas, en-
tourés d'un cortége nombreux de gardes,
de courtisans & d'esclaves, les prit tous,
l'un après l'autre, pour le Monarque; les
Officiers, chargés de l'introduire, le tirèrent de sa méprise. Ce jour-là, Crésus,
pour en imposer davantage à l'étranger,
s'était entouré de tout ce faste frivole, que
le vulgaire prend pour la grandeur. Sa
robe, d'un drap de pourpre nuancé, était

brodée en or & couverte de pierreries ; la décoration de la falle d'audience, la richeffe du trône, le cortége des Satrapes, tout ajoutait à l'illufion du fpectacle ; le Roi cherchait à lire l'admiration dans les regards du Philofophe ; mais celui-ci ne donna pas le plus léger figne d'émotion ; fes yeux, d'intelligence avec fa raifon, ne s'occupaient qu'à dépouiller le defpote, pour le connaître ; ils abattaient le mafque, afin d'étudier l'homme & fa phyfionomie.

Créfus, piqué d'être confondu par Solon avec le vulgaire des Rois, ordonna à fes efclaves de conduire le fage dans fon palais, & de déployer à fes yeux tous les tréfors que les fiècles y avaient accumulés. Le fang froid de l'Athénien fut le même ; il avait lu dans l'ame de Créfus, & ce Monarque pour lui était jugé. De retour à la falle du trône, il parla de ce qu'il avait vu avec franchife, comme fi, n'ayant jamais quitté fa patrie, il avait converfé avec fes amis, dans la falle de l'Aréopage.

CRÉSUS.

Eh bien, Solon, tu as beaucoup voyagé; as-tu vu, sur le globe, un être plus heureux que moi ?

SOLON.

Sans doute. J'ai vu l'Athénien Tellus, & j'ai commencé à croire au bonheur de l'homme.

CRÉSUS.

Tu m'étonnes ; jamais le nom de Tellus ne parvint jusqu'à moi.

SOLON.

Ce Tellus était un simple citoyen, qui ne connut jamais ni l'ambition qui tourmente, ni le besoin qui dégrade ; il se vit revivre dans sa nombreuse postérité, &, parvenu à une vieillesse fortunée, sentant qu'il avait encore une patrie à défendre, il périt avec gloire sur un champ de bataille.

CRÉSUS.

L'enthousiaste de Tellus est peu fait pour apprécier les Rois. — Mais enfin, quel serait, après Tellus, l'homme dont le bonheur pourrait être mis en parallèle avec le mien?

SOLON.

J'ai connu, dans Argos, deux frères, qui n'auraient point changé leur sort contre celui du Roi de Lydie ; c'étaient Cléobis & Biton. Leur mère était Prêtresse de Junon, & un jour où l'on célébrait la fête de la Déesse, les taureaux qu'on attelait au char sacré tardant à venir, ces héros de la tendresse filiale, se mirent eux mêmes au joug, & traînèrent leur mère jusqu'au temple. Cette mère sensible chargea le Ciel même de sa reconnaissance, & elle fut exaucée. Les deux frères, après le sacrifice, s'endormirent d'un sommeil paisible, & ne se réveillèrent plus qu'au sein des Dieux, dont ils étaient les images.

C R É S U S.

A t'entendre, Solon, je ne serais donc point heureux.

S O L O N.

Je ne sais ni offenser les Rois ni les flatter; apprends, Crésus, que le bonheur est pour l'homme une image fugitive, qu'il poursuit presque toujours sans l'atteindre; pour décider s'il en a joui, il faut l'attendre au delà de la tombe. Avant ce moment, le bonheur n'est pas plus assuré pour lui, que la palme triomphale pour l'athlète qui combat encore dans la carrière.

Cet entretien philosophique affligea Crésus sans le corriger : Solon, au sortir de l'audience, rencontra Ésope le fabu-

liste , Poëte aux gages de la Cour , &
dont l'esprit adulateur savait se plier aux
circonstances : *Solon* , lui dit l'homme
aux apologues, *il ne faut point approcher
les Rois , on ne leur dire que ce qui peut
leur plaire.* — *Tu te trompes* , répond le
Philosophe , *il faut dire la vérité aux Rois ,
ou ne les point approcher.*

Cependant le Roi de Lydie ne tarda
pas à s'appercevoir, combien le grand sens
du sauvage Solon était préférable à l'esprit de Cour d'Esope son bouffon. La
fortune le frappa dans l'intervalle de
quelques années , de plusieurs coups ,
qui mirent à l'épreuve toute sa sensibilité,
& il commença à concevoir qu'il n'y a
pour les Rois, comme pour le reste des
hommes, de vrai bonheur que dans la
paix de l'ame & dans la vertu.

Crésus avait deux fils, l'un muet de
naissance , & par-là jugé indigne du
trône , & presque de la tendresse d'un
père. L'autre, plein de talens & de valeur, annonçait qu'il serait un jour le

héros de la Lydie; mais il périt d'une manière tragique, lorsqu'il était encore dans la fleur de fa jeuneffe. Le fujet de cet évènement a déja été rapporté dans les annales de la Phrygie. Adrafte, le fils d'un de fes Rois, banni, à caufe d'un meurtre dont il avait été l'inftrument aveugle , d'un Etat qu'il devait un jour gouverner , était venu , fuivant l'ufage des fiècles héroïques, fe faire expier à la Cour de Lydie. Créfus accueillit avec bonté le Prince fugitif, & le chargea de l'éducation d'Atys (c'eft le nom du héros qui avait concentré en lui feul toute la tendreffe d'un père.); Adrafte répondit à ce trait de confiance , par un zèle à toute épreuve , mais il femblait condamné , par fa deftinée , aux crimes involontaires, & fon élève royal eut le malheur de périr de fa main.

Il y avait long-tems que Créfus, tourmenté par des fonges finiftres , qu'une fenfibilité aveugle faifait naître , écartait loin d'Atys jufqu'à l'ombre des dangers qui pouvaient menacer ſes jours; il lui interdiſait la guerre, la lutte & les exercices violens de la gymnaſtique; il avait porté la précaution juſqu'à faire enlever des portiques de ſon palais, les trophées militaires qui y étaient ſuſpendus, pour prévenir les accidens cauſés par leur chûte; toute cette prudence puſillanime, dégradait Atys aux yeux des Lydiens, & ne prolongea pas ſa vie.

Un ſanglier monſtrueux, échappé du mont Olympe, vint, ſur ces entrefaites, faire d'affreux ravages dans la Myſie. Les habitans prièrent Créſus de leur donner Atys, avec des guerriers d'élite, pour délivrer la Province de ce fléau. Le Monarque, toujours préoccupé de ſes préſages ſiniſtres, refuſa d'abord; cependant, ſur les inſtances de ſon fils lui-même, qui rougiſſait du rôle ſubalterne qu'on lui faiſait jouer aux yeux de la nation, il céda; mais il ordonna à Adraſte de veiller ſur des jours ſi précieux, & il ne lui cacha pas qu'il répondait de la vie d'Atys sur sa tête.

La chasse s'exécuta ; Adraste, à l'approche du sanglier, lui lance le premier son dard ; mais le trait, dirigé par une main incertaine, va frapper Atys, & le renverse mort à ses pieds. On rapporte à Crésus le cadavre de son fils : Adraste, qui le tenait embrassé, à la vue d'un père dont il a empoisonné la vie, découvre son sein, & le prie de le poignarder sur le corps de son élève. *Non*, dit le malheureux Crésus, *ma vengeance est satisfaite, puisque tu te condamnes toi-même à la mort ; je ne me plains que des Dieux, & je te pardonne.* Adraste ne se pardonna point lui-même ; la nuit du jour où l'on célébra les funérailles d'Atys, il se rendit, en silence, aux pieds de sa tombe, & y termina ses jours par le suicide.

Cependant la prédiction de Solon devait avoir un accomplissement encore plus terrible. Cyrus, à cette époque, maître

de la Perfe & de l'Empire des Mèdes,
menaçait l'Orient de lui faire fubir fon
joug; Créfus chercha à oppofer une digue
au torrent qui allait inonder l'Afie; il fe
ligua avec diverfes Puiffances du Péloponèfe, & fe difpofa à entrer, avec une
armée formidable, dans la Cappadoce.

Le Roi de Lydie était le plus fuperf-
titieux des hommes. Avant de commencer la guerre, il voulut en deviner
les évènemens. Il confulte à cet effet les
oracles les plus célèbres, tels que ceux
de Delphes, d'Ammon, de Dodone &
d'Amphiaraüs. Le premier fut le feul qui
obtint fa confiance, parce que fes Ambaffadeurs, pour éprouver la véracité de la
Pythie, lui ayant demandé ce qui fe
paffait à la Cour de Sardes, au moment
même où on l'interrogeait, celle-ci, au
moyen des correfpondances qu'elle en-
tretenait chez tous les Souverains, s'était
tirée, avec fuccès, de l'épreuve. La réponfe de cette Prêtreffe eft célèbre dans
l'antiquité. Elle contenait cinq vers hexa-

mètres, dont voici le sens. » Rien n'é-
» chappe à ma pénétration ; je connais
» l'étendue de l'Océan, je sais le nombre
» des grains de sable que renferment ses
» abîmes. L'être qui n'a jamais parlé a
» un langage pour moi : en ce moment,
» j'apperçois une tortue cuisant dans un
» vase d'airain, avec la chair d'un agneau «.

Créfus, en combinant toutes les époques, reconnut, en effet, que le jour où
l'oracle de Delphes avait été consulté,
on avait servi sur sa table une tortue &
un agneau. Perfuadé alors que le Dieu
de la Pythie était le feul qui lût dans
l'avenir, il chargea ses autels d'offrandes,
combla ses Miniftres de préfens, & l'interrogea sur le fuccès de l'expédition
qu'il méditait contre les Perfes.

Il était plus aifé à Apollon de corrompre des Officiers de bouche, qui
devaient, à un jour fixé, fervir à Créfus
une tortue & un agneau, que de deviner
le fuccès d'une guerre qui échappait à la
politique ; auffi il s'enveloppa, dans fa

réponfe, de cette obfcurité myftérieufe qui augmente la vénération du vulgaire pour les prophéties. *Si Créfus*, dit-il, *paffe le fleuve Halys, un grand Empire fera renverfé*. Le Roi de Lydie ne fongea pas à demander fi cet Empire ferait celui de Cyrus ou le fien; il fe crut déja vainqueur des Perfes, & il faut avouer que le vers grec était, en effet, bien plus favorable à l'interprétation de Créfus, qu'à celle qu'y donna la Pythie après l'évènement.

Le Monarque ne doutant plus de la bienveillance du ciel, interrogea, pour la troifième fois, l'oracle, pour favoir s'il jouirait long-tems du pouvoir fuprême; le Dieu, plus énigmatique que jamais, répondit qu'il n'avait rien à craindre, tant qu'un mulet n'occuperait pas le trône de la Perfe. Ce dernier mot rendit à Créfus toute fa fécurité; il fe flatta dès-lors de l'efpoir que fa maifon régnerait fur la Lydie, jufqu'au jour qui éclairerait la ruine du globe (*a*).

____

(*a*) Le bon Rollin, dans fa compilation utile

* L'armée Lydienne, sur les assurances d'Apollon, commença la campagne ; elle traversa le fleuve Halys, qui séparait

---

sur l'histoire ancienne, se tourmente beaucoup pour arranger, avec ses principes, l'accomplissement des oracles donnés, par la Pythie, à Crésus. Il ne savait pas que les Philosophes de l'antiquité se mocquaient des prophéties émanées du sanctuaire de Delphes, avec autant de liberté que les nôtres. Voici un fragment d'Œnomaüs, qu'Eusèbe nous a conservé au quatrième livre de sa *Préparation Evangélique.*

» Dieu de Delphes, tu t'es vanté, en répon-
» dant à Crésus, de savoir le nombre des
» grains de sable que la mer recèle dans ses
» abîmes. Tu as tiré un grand parti du conte
» de la tortue qu'on faisait cuire, à Sardes,
» pendant qu'on t'interrogeait. Voilà de belles
» connaissances pour repaître ta vanité ! Quand
» on vient te consulter sur le succès de la
» guerre contre les Perses, pourquoi donc ton
» embarras ? si tu lis dans l'avenir, il ne fallait
» pas nous l'offrir avec tous les voiles qui l'en-
» veloppent. Ignores-tu qu'on n'entendra pas
» tes oracles ? Et supposé que tu le saches, tu
» te plais donc à te jouer de notre crédulité «.

l'Empire de Créſus de celui des Mèdes, prit quelques villes, & livra à Cyrus un premier combat, long tems diſputé, & dont les deux partis s'attribuèrent la victoire.

Ce fut la bataille de Thymbrée qui décida du ſort des deux Monarchies. Xénophon, qui a pu fonder ſur quelques faits ſon Roman philoſophique de la Cyropédie, nous a conſervé quelques détails ſur cette journée mémorable (a). L'armée de Créſus était compoſée de quatre cents vingt mille hommes, dont ſoixante mille de cavalerie. La Lydie ſeule n'avait pu fournir ce nombre effroyable de ſoldats ; la plus grande partie venait de Babylone, de l'Egypte, des bords de l'Helleſpont, de la Phénicie & du Péloponèſe.

____

(a) *Cyrop.* lib. 6 ; nous ſerons obligés, pour mettre plus de clarté dans ce dernier chapitre de la Lydie, de rappeller quelques détails déja connus par l'hiſtoire de Cyrus.

Cyrus n'avait, à fes ordres, que cent quatre-vingt feize mille hommes, mais qui lui avaient aidé déja à conquérir une partie de l'Orient. Il y ajouta trois cents chars, armés de faulx, & tirés par des chevaux bardés à l'épreuve du trait ; de plus, pour doubler la force de fon armée, il la fit flanquer, comme une citadelle, par des tours ambulantes, hautes de douze coudées, & dont la charpente était fi légère, que feize bœufs les traînaient fans fatigue. Vingt archers, placés au haut de chacune de ces machines de guerre, obfervaient la manœuvre des ennemis, & tiraient fur eux par deffus les bataillons des Perfes. Toute cette tactique, qui annonce un peuple confommé dans l'art militaire par plufieurs fiècles d'expérience, eft bien fufpecte dans les fauvages à demi-civilifés, qui fervaient à Cyrus à créer fa Monarchie.

Ce qui me femble bien plus dans le caractère de Cyrus, c'eft le rôle odieux qu'il fit jouer, avant la bataille de Thymbrée, à des Ambaſſadeurs de l'Inde, qui étaient venus lui apporter de l'or, & lui demander ſon alliance. Ce héros des Perſes, qui, comme le dit Xénophon, ſon panégyriſte, *ne méditait rien que de grand,* médita d'envoyer ces hommes de paix, en qualité d'eſpions, dans l'armée de Créſus, afin d'éventer tous ſes projets ; & ce qui eſt encore plus extraordinaire, il ne tenta point de leur pallier la baſſeſſe du perſonnage qu'il leur faiſait revêtir. » Les eſpions » vulgaires, leur dit-il, ſe déguiſent en » eſclaves, & n'apprennent que des nou- » velles d'eſclaves ; mais des hommes tels » que vous, qui négocient avec les Rois, » ſavent tous les ſecrets d'où dépend la » fortune des Empires «.

Les Indiens ſe laiſsèrent corrompre, en effet. Ils allèrent, dans l'armée Lydienne, joindre le métier d'eſpion au caractère d'Ambaſſadeur Xénophon trouve tout cela dans les loix de la politique orientale ; il ne s'élève pas de l'ame froide de cet inſtituteur des Rois, le plus léger mouvement d'indignation contre une pareille perfidie.

Nos Savans modernes ont beaucoup differté fur les manœuvres de la bataille de Thymbrée; il femble, à voir tous les détails minutieux dont ils chargent leur récit, qu'ils aient été poftés, pendant la mêlée, dans les tours ambulantes de l'armée de Cyrus. Pour nous qui ne faifons point de traité de Tactique, & qui ne commentons point les Cyropédies, nous nous contenterons de dire que les Perfes, armés de fer, battirent les Lydiens, couverts d'or, & que Créfus, craignant pour fa vie, alla chercher un afyle dans les murs de fa capitale.

Cette bataille de Thymbrée fait époque dans l'hiftoire de la Lydie & de la Perfe : elle a été donnée l'an 1034 de l'Ere de Paros, qui répond à l'an 1682 de celle de Callifthène.

Le fiége de Sardes (*a*) fuivit de près

____

(*a*) Créfias, *in Biblioth. Phot.* cod. 72.

la victoire de Cyrus. Ce conquérant parut devant ſes remparts à la tête de cette armée , qui était la terreur de l'Aſie. Cependant Créſus ne ſe livra point à ce déſeſpoir extrême qui ferme les yeux ſur les reſſources. Les débris de ſes troupes étaient encore en état de tenir la campagne. La place qu'elles défendaient était très - forte , pour le tems , & pouvait laſſer la conſtance des Perſes. Mais un ſtratagême , imaginé par le Satrape Œbarès , mit la capitale de la Lydie ſous le pouvoir de Cyrus.

On éleva pendant la nuit ſur les murs de la ville , avec des perches d'une grande hauteur , des phantômes de ſoldats en bois colorié ; à la pointe du jour les Lydiens , qui les virent à une certaine diſtance , ſe perſuadèrent que l'ennemi avait eſcaladé leurs remparts , & dans leur effroi , ils ſe rendirent à Cyrus (a).

____

(a) Le texte qui renferme l'anecdote de ce ſtratagème , n'eſt pas clair dans Photius ; mais

Créfus, trompé par l'alarme générale,
fe retira dans la citadelle ; mais fe voyant
fur le point d'être forcé, il capitula avec
Cyrus, &. lui donna fon propre fils en
ôtage ; il en coûta cher à ce Prince pout
avoir cru fon ennemi généreux ; car comme
on différait de rendre la place, l'impitoyable conquérant fit maffacrer fon ôtage
aux pieds des remparts.

L'époufe de Créfus, témoin de cette
atrocité, ne put y furvivre ; elle fe précipita du haut des murs de la citadelle,
& expira à côté des bourreaux de fon fils.

Créfus, qui avait paffé fa vie dans les
tranfes de la fuperftition, fe flatta que
l'affaffin des enfans des Rois refpecterait
du moins les Dieux ; il fe réfugia dans
le temple d'Apollon ; mais Cyrus, qui
ne fe croyait qu'à demi, Roi des Lydiens,

---

nous y avons fuppléé en confultant l'Orateur
Libanius, qui tranfcrit, dans une de fes harangues, les propres paroles de Ctéfias.

tant qu'il leur resterait un Souverain légitime, fit forcer cet asyle sacré par sés satellites, ordonna qu'on chargeât de fers l'infortuné Monarque, & le destina au supplice.

Cette scène horrible se passait à l'entrée de la nuit; le lendemain quand les Perses entrèrent dans le temple, ils trouvèrent Crésus libre aux pieds de l'autel qu'il embrassait; Cyrus le fit enchaîner de nouveau, & ses chaînes tombèrent encore; cette merveille se répéta jusqu'à trois fois; elle étonna d'autant plus, que la porte du temple avait été confiée au vigilant Œbarès, & que le sceau du Prince avait été apposé sur la serrure.

Il était tout simple d'imaginer que les Prêtres d'Apollon avaient eux-mêmes délié Crésus, pour faire entendre à une multitude crédule, que le Dieu ne voulait point qu'on violât son sanctuaire; mais Cyrus, qui n'osa pas trouver des Prêtres coupables, accusa les malheureux Lydiens, qui étaient prisonniers dans le temple avec leur Monarque, de l'avoir déchaîné, & il les fit tous périr fur l'échaffaut.

Les Perfes, après cette exécution, arrachèrent Créfus du temple, le conduifirent dans le palais, & multiplièrent fes entraves, pour l'empêcher de fe dérober à leur vengeance. Heureufement pour lui, il s'éleva en ce moment un orage épouvantable; les foldats, peu aguerris contre les préjugés, fe réunirent à croire que le Ciel protégeait le Roi d. Lydie ; on refpecta fa perfonne, & quelque puiffant que Cyrus fût dans fon armée, il n'ofa envoyer fa victime au fupplice.

Tel eft le récit de Ctéfias, le feul Hiftorien authentique que nous ayons fur les annales de la Lydie & de la Perfe ; mais il s'en faut bien que les Xénophon & les Hérodote dénouent de cette manière, cette fanglante tragédie ; Xénophon, en particulier, dont l'imagination paradoxale, voulait faire de Cyrus un grand homme, trahit ici la vérité du fait conf-

taté par Ctéfias (*a*). Trop éclairé pour
ne pas fentir combien la froide barbarie
du héros des Perfes pouvait nuire à fa
mémoire, il fuppofe que Cyrus, après
la prife de Sardes, ſt venir le Roi de
Lydie, & lui parla comme s'il était libre
encore : *Souviens - toi* , lui dit - il , *que
le vainqueur & le vaincu font également
hommes* ; enfuite il lui demande l'hiftoire de fon règne , Créfus répond
qu'il a paſſé fa vie à confulter les oracles , & à leur défobéir ; il raconte
comment ayant conjuré les Dieux de
le rendre père , il n'en avait obtenu
que deux enfans, l'un muet de naiffance, & l'autre donnant les plus grandes efpérances, mais mort à la fleur de
fon âge » Le dernier oracle que je
» confultai , ajouta le Roi de Lydie ,
» me dit que pour être heureux, je n'a-
» vais qu'à me connaître moi - même ;

(*a*) *Cyroped.* lib. 7 , cap. 2.

» je ne me fuis que trop méconnu, fans
» doute, quand je me fuis chargé du far-
» deau de cette guerre, & que j'ai ofé
» lutter, fans génie & fans vertu, contre
» le héros de l'Afie «. Cyrus, qui, comme
tous les héros guerriers, aimait à être
adulé, pardonna, par reconnaiffance, à
fon prifonnier, lui rendit fon trône &
fa femme, & l'engagea à l'accompagner
dans le cours de fes conquêtes.

Hérodote, qui pouvait être crédule,
mais qui du moins ne faifait pas de
roman philofophique, raconte d'une
autre façon encore, l'hiftoire défaftreufe
de Créfus & des derniers momens de
fa Monarchie. Son récit mérite qu'on
s'y arrête, non qu'il puiffe balancer celui de Ctéfias, mais parce que prêtant
davantage à la morale du Philofophe,
il a été, à ce titre, adopté de prefque
toute l'antiquité.

Cyrus, maître de Sardes, ne put arrêter
d'abord la licence de fes foldats avides
de fang & de pillage; au commencement

du maſſacre , un corps de Perſes enveloppa Créſus : déja l'un d'entr'eux , qui
ne le connaiſſait pas , levait ſon cime-
terre pour l'égorger , & l'infortuné Monarque , qui regardait la mort comme
une faveur , ne ſongeait point à s'y
dérober , lorſque celui de ſes fils , qui
était muet , prévint l'attentat. La vue
du péril où ſe trouvait tout ce qui lui
était cher, donna tout à-coup un reſſort
nouveau à toutes les forces de la nature : les liens . qui comprimaient en lui
l'organe de la parole , ſe dénouèrent :
Soldat , s'écria-t-il , *épargnes le Roi ;* de
ce moment il ceſſa d'être muet , &
Créſus fut ſauvé.

On amena au conquérant ſa victime
chargée de fers , & cet homme féroce ,
puniſſant le Monarque infortuné d'avoir
défendu ſon trône & ſes peuples , le
condamna à périr ſur un bûcher , avec
quatorze enfans des principaux Seigneurs
de la Lydie. Déja l'échaffaut eſt conſtruit;
les torches fatales s'allument , Créſus ,

étendu fur ce lit de mort, fe rappelle, avec amertume, fon entretien avec le Légiflateur d'Athènes, que fon orgueil lui avait fait dédaigner, & s'écrie douloureufement, *ô Solon ! Solon !* Cyrus, dont la froide barbarie fe repaîffait de cet horrible fpectacle, fut curieux de favoir de quoi s'occupait Créfus dans fes derniers momens. » Solon, répondit » Créfus, fut un Sage que j'accueillis, » non pour m'éclairer, mais pour que, » fpectateur de ma gloire & de mon » opulence, il remplît la Grèce du bruit » de ma félicité. Cet étranger, le feul » ami que le Ciel m'ait offert, me dit » qu'on ne pouvait juger du bonheur de » l'homme, que quand il était au delà » de la tombe, & cette vérité cruelle » me déchire, maintenant que la fatalité » de ma deftinée m'empêche d'en faire » ufage «.

Cyrus, comme tous les brigands fameux de fon efpèce, avait des momens où il fe rappellait qu'il était homme. Le

mot de Solon, dans la bouche de Créfus,
lui fit faire un retour fur lui-même : il
ordonna qu'on éteignît le feu, & qu'on
lui amenât le Roi de Lydie. Malheureufement la flamme avait déja confumé
les appuis du bûcher. Les Perfes n'o-
sèrent expofer leur vie pour fauver des
hommes qu'ils avaient vaincus, & les
quatorze enfans périrent. Créfus allait fubir le même fort, lorfqu'une pluie extraordinaire, qui furvint tout-à-coup, éteignit
le bûcher, & fit croire à Cyrus que fa
victime était protégée des Dieux; ce qui
le confirma dans fes projets de clémence.

Créfus ne fut point ingrat : rarement
les malheureux le font; il donna de
fages confeils à fon vainqueur, pour
l'empêcher de détruire de fond en com-
ble une ville qui pouvait devenir un
des boulevards de fa Monarchie. Cyrus
fe trouva fi bien de l'avoir écouté, qu'il
jura de lui accorder la première grace
qu'il lui demanderait; mais le Lydien,
qui, du moment où il avait vu de fi

près la mort fur un bûcher , avait reconnu le néant du trône , ne profita
pas de la circonftance pour redemander
celui de fes pères. » L'unique faveur
» que j'implore, dit-il, c'eft de porter
» mes fers au Dieu qu'on honore à
» Delphes , & de lui demander s'il eft
» ainfi permis de fe jouer de la con-
» fiance de fes adorateurs «.

Le mot de Créfus & la vue de fes
chaînes, étaient faits pour confondre tous
les Dieux de la Grèce ; mais on fait que
des oracles ne reftent jamais fans réponfe.
Voici celle de la Pythie de Delphes, telle
qu'elle nous a été tranfmife par Hérodote.

» Le Deftin avait marqué l'inftant de
» la conquête de la Lydie , & il n'était
» pas au pouvoir des Dieux d'éluder fes
» décrets. Créfus a porté , dans la cin-
» quième génération , la peine due à un
» de fes ancêtres , qui ufurpa le trône
» d'un des Héraclides. Encore le Dieu
» de Delphes a-t-il reculé de trois ans
» la prife de Sardes , & éteint miracu-

» leufement la flamme du bûcher qui
» allait confumer fon Monarque. Quant
» à la véracité de l'oracle, Créfus a tort
» d'élever, fur ce fujet, des nuages.
» Apollon a, en effet, déclaré que *fi ce*
» *Prince paffait le fleuve Halys, un*
» *grand Empire ferait renverfé.* Mais
» c'était à lui à éclaircir, s'il s'agiffait
» de l'Empire des Lydiens, ou de celui
» des Perfes. La dernière des prophéties,
» qui affure le pouvoir fuprême à Créfus,
» *tant qu'un mulet n'occupera pas le trône*
» *de la Perfe,* a encore été vérifiée par
» l'évènement. Le mulet annoncé, eft
» ce Cyrus même, qui tient de deux
» natures, étant iffu d'un père fans cou-
» ronne, & d'une mère du fang royal des
» Mèdes. Les plaintes facriléges de Créfus
» ne fervent donc qu'à juftifier le courroux
» des Dieux & leur vengeance «.

Créfus n'était point affez aguerri contre
le machiavélifme de la fuperftition, pour
répondre à ces fophifmes. Il crut être dans
fon tort, & continua à charger d'offrandes

Tous ces contes fe réduifent, pour l'homme qui ne veut que de la logique & des faits, à dire que Cecrops apporta l'olivier dans l'Attique, qu'il bâtit fa capitale à quelque diftance de la mer, & que ne connaiffant point de p'us grande Divinité que la Minerve de Saïs, il lui en donna le nom (*a*) ; tout ce qu'on y a ajouté, n'eft bon qu'à animer des Poëmes, à donner de l'ame aux monumens de la Sculpture, ou à faire refpirer la toile des tableaux.

Il paraît que Cecrops ne vit pas fa nouvelle ville profpérer, autant qu'il l'aurait defiré, parce qu'il fut traverfé par la jaloufie de fes voifins. Il femble, par exemple, qu'on pourrait rapporter à

(*a*) Athènes eft, en effet, le mot grec fous lequel on défignait Minerve ; car c'eft auffi trop abufer de l'art conjectural des étymologies, que de faire dériver Athènes de Théonon (ame divine), comme le dit Platon, qui, au refte, n'a été fuivi par perfonne.

cette époque (*a*) les premières irruptions
des Pélasges dans l'Attique. Ce peuple
déprédateur, accoutumé à ne reconnaître
de droit que celui de son épée, vint demander, en maître, aux sujets de Cecrops,
un asyle contre le ressentiment du reste
du Péloponèse. Les Athéniens, comme
nous avons déja eu occasion de l'observer, crurent qu'ils adouciraient, à force
de bienfaits, ces hôtes terribles ; ils les
reçurent à bras ouverts, & leur cédèrent
la plaine qui bordait le mont Hymette,
à condition qu'ils bâtiraient le mur qui
devait servir d'enceinte à leur citadelle.
Le mur fut bâti, mais la paix s'éloigna
de son enceinte. Au bout de quelques
générations, les Pélasges devinrent les
plus mortels ennemis de leurs bienfai-
teurs ; ils faisaient des courses autour de
la ville de Cecrops, enlevaient les jeunes

______

(*a*) Une autre tradition, qui a aussi des garans
respectables, recule l'invasion des Pélasges bien
long-tems après le siége de Troye.

garçons, & violaient les filles qui allaient puiſer de l'eau aux fontaines. Non contens de ces attentats, ils entreprirent de ſe rendre maîtres de l'Attique entière. Le complot fut découvert la veille de ſon exécution. Les Athéniens pouvaient tirer une vengeance éclatante de tant de perfidies. Mais ſe livrant à une généroſité, qui naît du ſentiment de ſes forces, maîtres de la vie des Pélaſges, ils les abandonnèrent à leurs remords, & ſe contentèrent de les bannir de la terre qu'ils avaient ſouillée de leurs crimes. Les brigands humiliés, mais non corrigés, ſe diſpersèrent dans le Péloponèſe.

Cecrops régna un demi-ſiècle; on lui doit une légiſlation ſimple & pacifique; c'eſt la ſeule qui convienne à un peuple qui commence.

Quand il régla les articles du contrat qui lie Dieu avec les hommes, il le fit avec une ſageſſe digne des ſiècles les plus éclairés; il ſépara d'abord, par une intervalle immenfe, l'Ordonnateur des mondes, à qui il donna le nom de Très-haut (*a*), de cette foule de divinités fubalternes, dont la fuperftition grecque avait peuplé l'Olympe; & pour empêcher le fanatifme d'abufer de fon culte, il défendit de lui offrir aucun être vivant. Un fimple gâteau, placé fur l'autel, fut le fymbole de l'hommage de fes adorateurs & de leur reconnaiffance.

Les loix politiques de ce Prince prirent l'empreinte de la raifon, comme fes loix religieufes; il interdit à fes fujets ces unions vagues & momentanées, par lefquelles ils croyaient fatisfaire au vœu de la nature, qui porte tous les êtres à fe reproduire, & leur fubftitua des unions, revêtues de formes légales, qui affuraient aux citoyens leurs propriétés. On lui attribue auffi d'avoir introduit, dans la Grèce, l'ufage des funérailles.

––––––––––––––

(*a*) *Paufanias*, lib. 8, cap. 2.

La plus belle institution politique de Cecrops , est celle de l'Aréopage ; la célébrité de ce tribunal , & l'influence qu'il a eue dans les affaires générales de la Grèce , nous engagent à lui consacrer un chapitre particulier dans cet Ouvrage.

D E
L'ARÉOPAGE. (*a*)

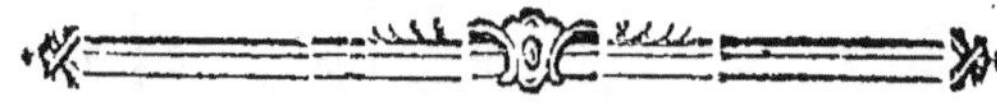

L'Aréopage fut ainfi nommé d'Arès ou Mars (*b*), le premier des Dieux qui y comparut pour plaider fa caufe. Ce tribunal paffa, dans l'Europe civilifée, pour le centre de l'intégrité & des lumières; lorfque tout fe pervertiffait autour de lui, il fe conferva fans tache, & ce ne fut

---

(*a*) *Paufan.* lib. 1 ; *Herod.* lib. 8 ; *Demofth.* Paffim ; *Plutarch.* in Solone *Lambert. Bos*, Antiq. Grec. *Meurfius*, in Areopag.

(*b*) Le mot d'Aréopage dérive proprement d'Areios-Pagos, ou *Colline de Mars*, parce que le Tribunal tenait fes féances fur une colline, quand il jugea le Dieu de la guerre. *Paufan.* lib. 1, cap. 28; Meurfius, *in Areopag.* cap. 1.

qu'après quatorze cents ans de vertu ,
qu'il se deshonora aux yeux de la postérité ; par le supplice de Socrate.

L'auguste simplicité de cette Cour
suprême de justice , rappellait vraiment
l'âge d'or ; l'édifice construit sans appareil ,
n'avait qu'un toît de chaume , cimenté
avec de la boue , qu'on montrait encore
dans le siècle d'Auguste.

Cependant , comme cet édifice avait
été bâti originairement sur une colline ,
les vieillards qui présidaient au tribunal ,
ne pouvant monter qu'avec peine , pour
tenir leurs assises , transférèrent l'Aréopage dans une place publique , exposée
aux injures de l'air , qu'on appella le portique des Rois. Les Juges s'y rendaient
en silence , & quand le tribunal était
formé , on l'enfermait dans une enceinte
tracée par une simple corde de jonc. Les
mœurs publiques , meilleure sauve-garde
que les barrières d'airain & les soldats
armés , retenaient autour de cette corde
légère , les flots du peuple que la curiosité

ou l'intérêt amenaient à ce grand fpectacle.

L'Aréopage, pour n'être point diftrait,
par les objets extérieurs, ne jugeait que
la nuit & fans flambeaux ; au refte, l'efpèce de terreur religieufe que ces ténèbres
infpiraient, pouvait encore fervir de frein
à la multitude.

C'eft dans la vue d'augmenter cet effroi
falutaire, que les Légiflateurs d'Athènes
avaient conftruit un temple aux Euméni-
des, non loin du lieu où s'affemblait
l'Aréopage ; l'idée toujours préfente de ces
Divinités de fang, qui commençaient
fur la terre le fupplice des fcélérats, en
leur envoyant les remords, femblait ajouter
une nouvelle fanction au code criminel
qui fervait de bafe aux décifions du tribunal ; auffi les Magiftrats veillaient avec
le plus grand foin à l'entretien du temple ;
le facerdoce en était brigué, comme une
place de haute confiance, & Démofthène
tirait gloire d'avoir été Pontife des Eu-
ménides.

Tous les grands crimes, tels que l'empoisonnement, l'incendie, l'homicide, le vol avec effraction, étaient du reffort de l'Aréopage ; fa jurifdiction s'étendait jufque fur le culte religieux ; car il était expreffément défendu d'introduire des Dieux nouveaux dans Athènes, à moins que ce ne fuffent des Dieux tout-à-fait fans conféquence, comme ceux de la Mythologie ; ainfi, ce qui était toléré dans le Poëte, était un crime dans le Philofophe.

Primitivement, tous les citoyens, pourvu que la confidération publique fût le gage de leur vertu, étaient membres nés de l'Aréopage. Dans la fuite, la population s'étant accrue, il fallut reftraindre ces affemblées nationales, que le nombre des membres pouvait rendre tumultueufes. Enfin, Solon vint, & décida qu'il fallait avoir été Archonte, pour fiéger dans l'Aréopage.

Il n'y avait rien d'arbitraire dans les jugemens des Aréopagites. Au lieu même où ils fiégeaient, on voyait deux colonnes, fur lefquelles le code criminel était gravé; leur emploi femblait donc fe réduire, comme dans les Tribunaux admirables de l'Angleterre, à déclarer fi l'accufé était ou n'était pas dans le cas de la loi. Dès que ce préliminaire était décidé, le citoyen lifait, fur le marbre muet mais terrible des colonnes, fon abfolution ou fa fentence.

Les formes judiciaires, fi bifarres dans la plupart des légiflations modernes, étaient de la fimplicité la plus heureufe dans l'Aréopage.

L'accufateur & l'accufé juraient tous deux d'être vrais, enfuite ils allaient fe placer fur deux pierres, qui leur fervaient de fellette, mais qui n'avaient rien d'humiliant ; car les Juges de l'Aréopage étaient trop fages pour commencer le fupplice d'un citoyen, avant que la loi eût décidé s'il était digne du fupplice.

Dans l'origine, chaque citoyen actionné plaidait lui-même fa caufe; on s'apperçut, dans la suite, que le coupable, interdit par la terreur des remords, & l'innocent même par la terreur du lieu, pouvaient se défendre mal. Alors le tribunal choisit dix citoyens, de la classe des hommes de loix, pour plaider la cause des accusés, qui auraient besoin de leur ministère.

Ces Orateurs, interprètes du vœu de la nation, plutôt que des passions de leurs clients, écartaient avec soin tous les prestiges de l'éloquence, faits pour séduire les Juges, plutôt que pour les éclairer; on leur défendait expressément l'exorde & la péroraison; de-là vient la simplicité tant reprochée à la plupart des harangues de Démosthène.

Quand les Juges avaient entendu les plaidoyers contradictoires, ils s'approchaient en silence de deux urnes, placées au pied de leur tribunal. L'une (l'Éléou), faite d'airain, était l'urne d'absolution; l'autre (le Tanaton) n'était que de bois, & s'appellait l'urne de la mort. Chacun des membres de l'Aréopage, avait entre

fes mains des boules noires & blanches;
les premières étaient percées, afin qu'on
pût les diftinguer dans les ténèbres; on
iettait les boules blanches dans l'urne de
l'abfolution, & la noire dans celle de la
mort; enfuite on comptait les fuffrages.

Il y avait, dans cette partie du code
criminel des Athéniens, une inftitution
bien digne de l'humanité de ce peuple
légifl..teur. Lorfque le nombre des boules
était égal dans les deux urnes, & par
conféquent que les avis étaient partagés,
un membre de l'Aréopage jettait dans
l'urne de l'abfolution une boule furnumé-
raire, qu'on appellait la boule de Minerve, & l'accufé était fauvé.

Le citoyen, déclaré coupable par la
loi, ne languiffait point dans les horreurs
d'un cachot, dans l'attente de la mort,
plus cruelle fouvent que la mort même;
au moment où fa fentence était pronon-
cée, on le chargeait de chaînes, & le
matin on l'envoyait au fupplice.

Comme la loi ne doit jamais préfumer

de coupable, l'Aréopage ne prénait point, contre les accusés, ces précautions odieuses, imaginées par un maître qui ne veut que punir des esclaves. Le citoyen actionné était libre jusqu'au moment de la sentence, & quand il désespérait de sa cause, il pouvait, sans danger, s'exiler d'une patrie dont ses crimes avaient troublé la paix. La vente de ses biens suffisait alors à la satisfaction publique, & on abandonnait l'infortuné, qui venait de se faire justice, à la vengeance du ciel & à ses remords.

Telles étaient les loix de l'Aréopage; l'observateur y trouve les élémens des codes criminels les plus parfaits dont la raison s'honore, & quand on songe qu'il y a plus de trente-trois siècles, que le tribunal qui a adopté ces institutions admirables a été fondé par Cecrops, on est tenté de croire que l'esprit humain, dans Athènes, ne connut point l'âge de l'enfance. L'éloge que nous donnons ici est parfaitement exclusif; il ne convient qu'à

la ville à qui on doit les vertus de Socrate & le beau siècle d'Alexandre.

Fin du Tome III de l'Histoire de la Grèce.

TABLE

DES CHAPITRES

DU TOME TROISIÈME

D E

L'HISTOIRE DE LA GRÈCE.

SUITE DE L'HIS-TOIRE DE LA GRÈCE.

TABLE

Fin de la Table des Chapitres.

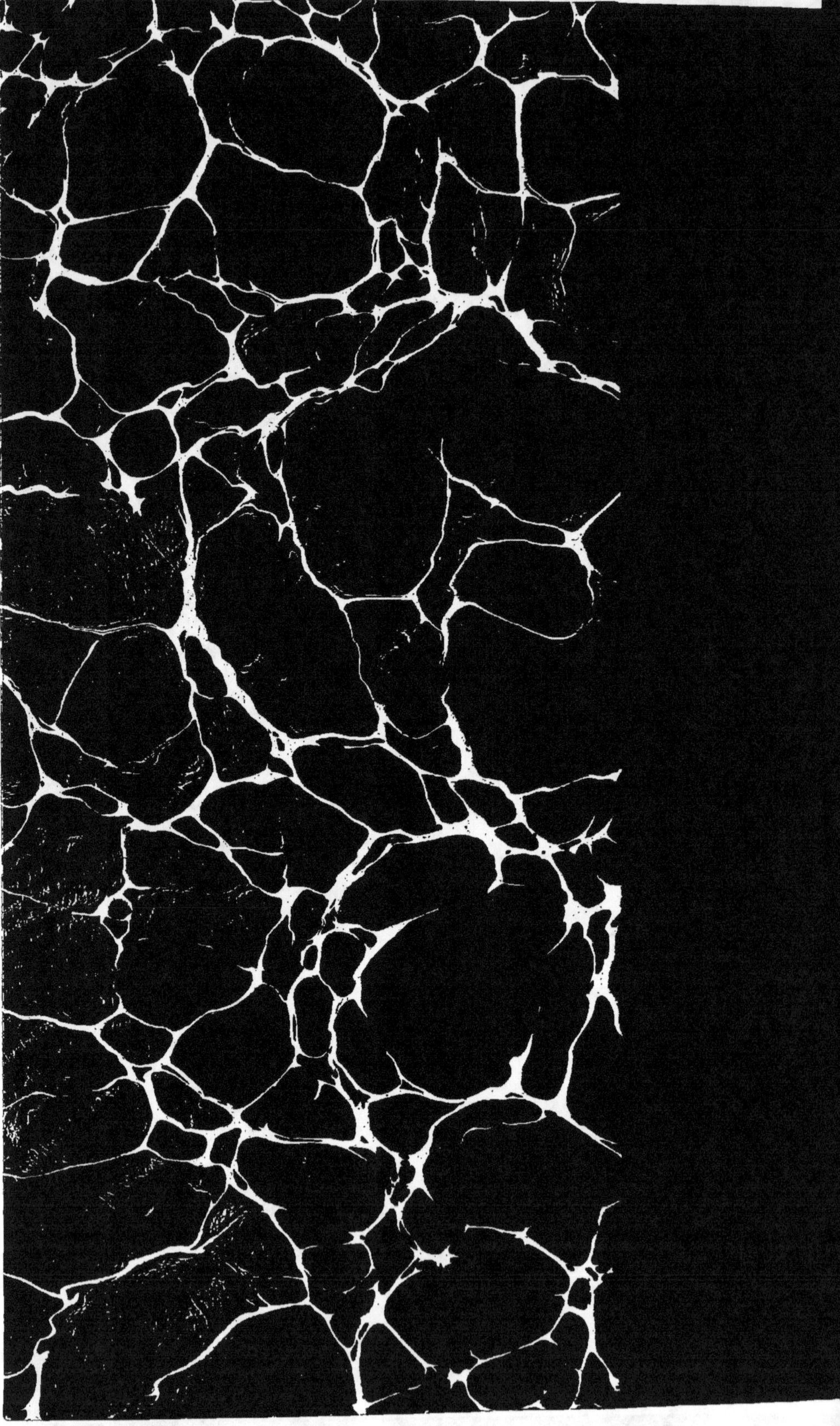